ＡＩ時代に求められる力の育みかた

我が家はこうして

読解力をつけました

佐藤亮子

くもん出版

【はじめに】

「パシーン！　パシーン！」

ある秋の日の出来事です。リビングにいると、庭のほうから耳慣れない音が聞こえてきました。なんの音だろうと庭に出てみると家の駐車場の周りにたくさんのドングリが落ちています。先ほどの音は、ドングリが駐車場の屋根に落ちる音でした。このドングリは、長男や次男が幼稚園に通っていたとき、幼稚園の庭にあった大きなドングリの木の実です。丸いドングリは、かわいいので大人気で、子どもたちはドングリの実を集めて遊んでいました。私は5つほどもらって家の庭に植えてしばらくは忘れていましたが、いつの間にか芽が出てひざくらいの高さの木になり、忙しくしているうちに今や2階の屋根を越す高さになってたくさんの実を落としたのです。近づいてみると、木の幹の直径は15センチほどもあり、表面もゴツゴツとしていてなんだか立派に育ったなあという感じでした。

そこに、近所のお母さんと1歳半くらいの男の子が通りかかりました。男の子はさっそくドングリを拾い始め、ズボンの両方のポケットにたくさん詰め込んでズボンがずり落ちそうになっています。私がしゃがみ込んでドングリを「はい」と男の子に渡したら、小さなもみじのような手で受け取りました。このような光景が我が家にもあったなあと思いながら、ドングリでポケットが膨れて重くなっている男の子の後ろ姿を見えなくなるまで見送りました。

ちょうどあの年頃から公文式教室に通い始めたので、鉛筆をもったもみじのようなかわいい我が子の手も思い出しました。あれから20数年、上の3人の子どもは社会人、一番下の娘は大学生になりました。賑やかだった奈良の自宅で、今は主人とふたりで暮らしています。ドングリも大きくなったけど、子どもたちも大きくなりました。

長男が生まれたときから、どのように育てようかといろいろ考えた結果、選んだのが公文式教室でした。当時、デパートの3階に教室があり、子どもたちは車から降りると走って行こうとするので、「走るとあぶないよ」と言いながら後ろを追いかけるのがいつもの光景でした。教室に入ると、お友だちと遊んで先生のお話を聞いてプリントをする、そしてその間、親は後ろから見ているという感じでした。お友だちのお母さんにプリントのやり方を尋ねるなど、私にとっても子育ての楽しい時間でした。

子どもはどんどん大きくなり、すぐに小学校入学となります。入学式が終わると授業が始まりますから、入学式の前日まで遊ぶだけという生活では学校生活にスムーズに移行できません。やはり、少しずつでも前もって準備することは非常に大切です。しかし、それをお母さんひとりで進めるのは、至難の業なのです。なんといってもお母さんは子どもの生活のお世話で一日中大変ですから、それ以外のことを計画立ててやることはできません。私もひとりでするのは無理だと考え、確立したシステムのもとで、プロの先生にご指導を受けながら子どもを育てたほうが間違いはなく、親子でラクで楽しいと思い公文式教室に入会したのです。

公文の優れているところは、プリントをはじめ教材、玩具などに一貫した概念が感じられることです。それは、「子どもを心身ともに健やかに育てて、きちんとした大人になる基礎をつくる」というものだと私は思っています。たとえば、算数教材プリントを見てみると、1枚目から2枚目、3枚目と進む間には、ほんの小さな小さな、子どもが気づかないようなステップを踏んで上に上がるようにつくられています。無理なく進めるよう1枚目と2枚目の違いはほんのわずかに設定されていることに、私は子どもに対する深い愛情を感じ、4人の子どもをお任せすることにしました。

子どもに「がんばれ」という大人は多いのですが、その励まし方は無責任で間違えているのではないでしょうか。本来とられるべきは、子どもが「がんばらなくてもいい」やり方なのです。子どもをがんばらせるというのではなく、やり方を変え、がんばらなくても自然に楽しく実力がつく方法が適切で、これが公文式の基礎的な考え方だと思います。我が家の子どもたちは、公文は楽しいもので、いい思い出と感じているようです。4人が口を揃えて「公文が今の自分たちの基礎をつくってくれた」と言っています。やはり基礎学力というものがいかに大切だったのかということです。

今は、膨大な情報が世界中を飛び交っていますので、これからの未来を生きていく子どもたちは、その情報の内容を精査する力、様々な立場からの発言を理解する力、そして自分の意見を明確に人に伝える力がより必要になります。これらの基礎となる読解力というと「読む」ことだけに集中しがちですが、実は「聞く力」「話す力」「書く力」を支える力でもあります。お子さんが自分の選んだ道を歩むために読解力は欠かせませんから、保護者は心して育てることが大切です。

この本では、どのように楽しく読解力、基礎学力をつけたらいいのか、私の経験からお話ししています。公文で学習をされている方は、ぜひお子さんが楽しくできるような工夫をされてしっかりとした、読解力、基礎学力をつけてあげてほしいと思います。皆様の子育てが、より楽しいものになりますように、この本が一助となれたら幸いです。

はじめに　3

第1章
読解力はいきなり身につかない。幼い頃から読解力を育てる

1 読解力は、2Dの文章を頭のなかで3Dに立ち上げて、イメージできる能力　16
2 中学入試で問われる読解力　20
2-1 私立灘中学の国語の入試問題　21
2-2 私立開成中学の国語の入試問題　35
3 読解力はなぜ必要なのか　41

第2章
読解力を育てるには、6歳までの幼児教育が大切

1 子育てを、人生の楽しい思い出に　48
column 子どもの反応を面白がるのが子育てのコツ　54
2 幼児教育は無駄を恐れない　60
3 早く言葉を覚えたほうが、親子ともにラク　67
4 「子どもにとっていい」と思うことはまず一歩踏み出してみる　70

column 学ぶことは尊く、学ぶことの邪魔はありえない 72

第3章

読解力 我が家の実践

6歳まで❶ 絵本と童謡

絵本

1 子どもが笑顔で楽しくやることが大事 76
2 最初の絵本選びはオススメされているものから 79
2-1 まず「くもんのすいせん図書」を見て大量注文 80
2-2 シリーズものや絵本の月刊誌も購読 82
column 印象に残っている絵本 86
3 3歳までに1万冊を達成するコツ 89
3-1 1日に読む冊数を日割り計算 89
3-2 読んだ冊数を記録すると、やる気アップ 90
3-3 読む本を前夜のうちに用意しておく 93
3-4 お父さんにも手伝ってもらう 94
column 働いているお母さんは、帰ったら子どもに読み聞かせを 96
4 子どものウケを狙って読むのがコツ 98
4-1 読むスピードに緩急をつける 99

4-2 登場人物によって、声色を変える 99
4-3 擬音語や擬態語の読み方を工夫 100
4-4 場面に合わせて、間をしっかりととる 101
5 絵本で読解力の基礎を育て、精神年齢を高める 102
童謡
6 くもんのうたカードを利用 104
7 オリジナルのうたカードを作成 107
8 3歳までに1万曲を達成するコツ 109
column 先生の周りを「ちかちかゴーゴーゴー」と歌いながらグルグル 113
9 童謡で語彙力がつき、教養が身につく 115

第4章

6歳まで❷ 公文式学習ほか

読解力 我が家の実践

1 4人全員、1歳頃から公文式教室に通った 120
2 公文式と読解力 125
2-1 3歳前なら、国語と算数がオススメ 126
2-2 最初は、線を引く教材からスタート。はみ出さないことが大事 129
2-3 文字は最初から丁寧に書かせる 131
2-4 長男が宿題のプリントをやりたがるまで待った 134

column 蚊を見て泣いた娘。1文字の言葉を教えるのは難しい 138

3 教材を楽しくやるために、あの手この手の工夫を凝らした 141
3-1 やる枚数を壁に吊るす 141
3-2 筆記用具を変えてみる 142
3-3 ご褒美にお菓子 143
3-4 プリントにシールを貼る 143
3-5 休むときには迷うことなく休んで無理をしない 144
3-6 教材内容一覧をチェック 145
3-7 やるプリントの枚数を固定しなかった 146

4 公文式学習を子どもがやりやすいように工夫 149

5 公文の国語の学習 152
5-1 まず出典の絵本を読む 152
5-2 BⅡくらいまではじっくりと読む 154
5-3 カタカナもしっかりと書かせる 155
5-4 できるだけ実物を見せる 155

column 自由記述 157

6 公文の算数の学習 159
6-1 算数にも読解力が必要 159
6-2 算数の教材をやるときのコツ 160

6-3 式と答えを読んであげる 161
6-4 答えを色鉛筆で 162
6-5 お楽しみの運筆練習をはさんで学習する 162
6-6 なかなか覚えられない足し算は、部屋中に貼った 163

7 きょうだいでやっているときには、進度をきちんと見る 167

8 働きかけいろいろ 169

8-1 当時発売されていたカードをすべて購入 169
8-2 俳句、ひらがな、足し算のカードは、カレンダーに記録 172
8-3 俳句カードはすぐに読めてオススメ 174
8-4 カードを生活に取り入れる 176
(a) ホンモノと結びつける
(b) 最初は10分から始める
(c) ひたすら楽しくやる。無理に覚えさせない
8-5 九九は歌いながら楽しく覚える 180
8-6 お風呂を文化的な空間に 181
8-7 ジグソーパズルで手先が器用になり、集中力アップ 182
8-8 磁石すうじ盤は戦略も必要。夏のコンテストで優勝 185
8-9 習い事は、勉強系、芸術系、スポーツ系からひとつずつがオススメ 188
8-10 遊び 189
(a) 遊びの邪魔をしないことが、後の集中力につながる
(b) トランプをはじめ、様々な遊びを楽しむ

column 一心不乱に輪ゴムでスパゲッティをつくった長男と次男 197

第5章

小学生

読解力 我が家の実践

1 「学校の授業は簡単」とは言わせない 202
2 低学年は、遊ぶことが大事 204
3 実物を見せると、読解力がつく 207
4 とっつきやすい学習漫画もオススメ 210
5 中学受験塾に通うまで、公文をずっと続けた 212
6 点数に一喜一憂せず、同じ態度で接する 214
7 国語が苦手な子どもには、教科書やテストの問題を読んであげる 216
8 記述式問題に強くなるための方法 219
9 新聞の上手な活用法 223
10 中学受験をしないなら、高校、大学受験に備えて公文 227
11 性格に合わせたサポート方法 229
column 炎上騒ぎで感じた家族の絆 232

第6章

今後、ますます大事になる読解力

1 AI（人工知能）に負けない豊かな人間性が必要 236
2 親の考えや臨界点を伝える 238
3 今後、ますます大事になる読解力 241

おわりに 244
くもんのすいせん図書 248
くもんのうた200えほん曲目リスト 263
オススメくもんの教具 268

第1章

読解力はいきなり身につかない。幼い頃から読解力を育てる

1

読解力は、2Dの文章を頭のなかで3Dに立ち上げて、イメージできる能力

2021年1月から、センター試験に代わって大学入学共通テストが始まりました。この新テストでは「複数の資料を読み解きながら解答する問題」と「時事問題や日常生活を題材にした問題」が増加しました。確実な知識をもとに「思考力」「判断力」「表現力」などを問う出題傾向になっています。このような問題に適切な答えを出すためには、多くの情報を読み解き、そのなかから必要な項目をすばやく抜き出し解答する能力が必要となります。そのためにこれから読解力をより強化することが必須となるのです。

読解力というと、「子どもに本をたくさん読ませなければ！」と多くの親は考えます。しかし、本物の読解力を身につけるにはただ漫然と本を読ませてもダメなので

す。私は、**本物の読解力とは「2Dの文章を頭のなかで3D映像に立ち上げてイメージできる能力」**と考えています。要するに、読んだ文章をすぐに頭のなかで映像化できる能力が本物の読解力なのです。文章を読み慣れていない子どもは、字面だけ読んでしまい、結局読み終わっても内容はよく理解できず、記述問題に答えられない、自分の意見が言えないということになってしまいます。

現代は、あらゆる分野でＡＩ（人工知能）が活躍しています。今後もＡＩは飛躍的な進歩を続け、人間生活により一層入り込んでくることは間違いありません。ＡＩは膨大な情報から必要なデータを瞬時に取り出し、計算や分析をすることは得意です。しかし、そのＡＩに情報をインプットするのは人間なので、結局ＡＩは人間の入れた情報を使用して仕事をしているということになります。人間が偏ったデータを入れれば、ＡＩは当然偏った結果を出してしまうことになり、実際そのようなことが原因の問題も起きています。ＡＩに情報を入れるのは人間で、出した情報を利用するのも人間ということになりますから、情報の流れは、人間→ＡＩ→人間となり、ＡＩをはさんだ両側の人間の資質を上げることがよりよき未来をつくることになるわけです。

人間は、言葉を使って思考し生きている動物です。昨今、大人も子どもも活字を読まなくなっています。ネットで一応の情報は得られるので、それ以上のものを読もうとしないのです。**人間は、自分の体のなかに入れた言葉でものを考えますから、その量が少なければそれなりの浅い思考しかできません。**

最近は、「受け身」の文章がわからない子どもが増えていると聞きました。たとえば、「太郎君は次郎君にプレゼントされた」という文を読んだときに、どちらがプレゼントをもらったのかが、即座にわからないというのです。

また、歴史上の戦いでの「北から攻めてきた」「西に逃げた」という軍隊の動きの説明、交通事故の記事のなかの「左折」「直進」という車の動きのイメージがすぐに思いつかないのです。「プレゼントされた」「北から」「西に」「左へ曲がる」「まっすぐ」という言葉を見たときに頭のなかに方向を示す矢印が浮かばないと、その文章の内容は理解できません。

読みながら文章を頭のなかで映像化できれば、次郎君が太郎君にプレゼントを渡している様子や、敵が北から攻めてきた状況が映像として思い浮かびます。それがぺったんこの2Dの文章が3Dの立体的な映像に立ち上がるということなのです。3Dになると動きを想像できますので、内容を理解しやすくなり、自らの感想も生まれます。この立ち上げるやり方は、多少の練習が必要です。映像化を意識して文章を読むことが大事です。

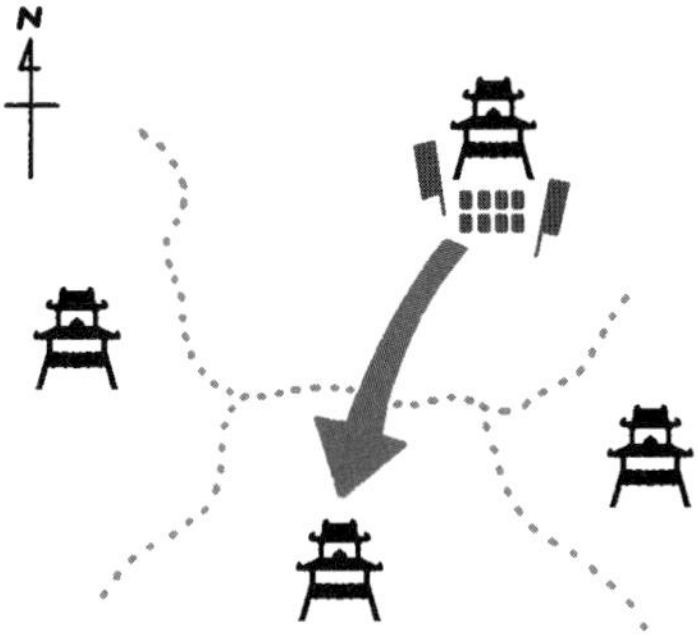

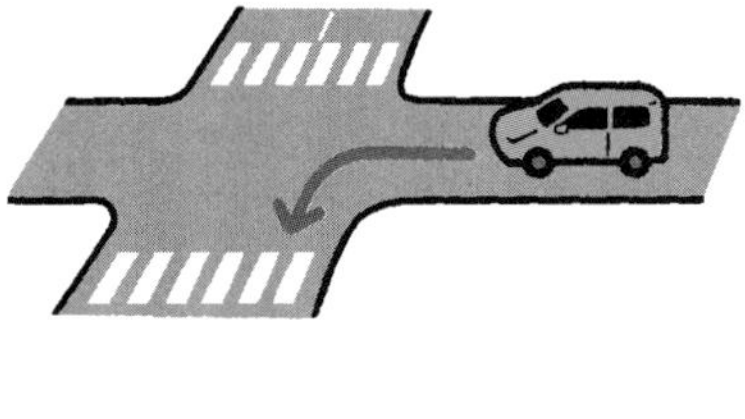

2

中学入試で問われる読解力

ここで、2017年の私立灘中学（以下、灘中）、私立開成中学（以下、開成中）の国語の入試問題を紹介しましょう。中学入試では、灘中や開成中のように主に記述式で書かせる学校と、選択肢から答えを選ぶ学校があります。灘中や開成中の問題を見ると、大人でもちょっと考え込んでしまい、どのように答えを書けばいいのか悩んでしまうものもあります。このような問題を小学6年生が解くのですから、かなりの読解力、記述力が必要となります。

2校とも難関校ですので「問題が難しすぎるのでは……」と思われるかもしれませんが、どの中学でも光景や主人公の気持ちを読み取る問題は必ず出題されています。このような読み取る力は、学習の基礎として必要だと各中学校が考えているからだと思います。

2-1 私立灘中学の国語の入試問題

まず、2017年の灘中の問題から見ていきましょう。灘中の入試では1日目に国語、算数、理科、2日目に国語、算数の問題を解き、社会はありません。国語と算数は1日目と2日目では問題のタイプが違います。国語と算数は2日間かけてじっくりと学力を見ます。

1日目の1問目は養老孟司さんのエッセー、2問目はことわざ、3問目は多義語、4問目は俳句、5問目は短文の修正、6問目は熟語、7問目は四字熟語。2日目の1問目は上橋菜穂子さんのエッセー、2問目はドナルド・キーンさんの自伝、3問目は山崎るり子さんの詩です。このように、2日間かけて幅広い分野から出題されます。解答時間は1日目が40分、2日目が70分です。

灘中の国語の問題は平和に関するもの、大人が読んでも感動するもの、人の気持ちを読み取るもの、子どもが人生について考えるものなど、本当に良問揃いで、灘中の先生方の「生徒に幸せな人生を歩んでほしい」という思いが伝わってきます。

1日目は多種多様な分野の知識問題と長文問題、2日目は長文問題が出題されます。1日目のような問題を40分で解答するのでかなりの基礎知識と読解力が必要です。2日目には詩もよく出題され、全体的に子どもの精神性の高さ、思っていることを的確な言葉でまとめる力が必要なことがわかります。

このなかから2日目の1問目、上橋菜穂子さんのエッセー『物語ること、生きること』*1を考えてみましょう。

次の文章を読んで、後の問いに答えなさい。

「菜穂子《なほこ》は将来何をしたいんだ?」

小学生のころ、母方の伯父《おじ》に聞かれたことがありました。

歴史に興味があった私が「歴史を勉強してみたいです。」と言うと、伯父が、こう言ったのです。

「本当に学問をするなら、大学までじゃダメだ。大学院の博士課程まで行かなきゃ、学んだとは言えないよ。」

　画家であり、大学教授でもあった伯父ならではの[A]ケンカイだったと思うのですが、子ども心に、なにか、悔《くや》しいというか、そこまでやらなきゃ認めてもらえないんだな、と思うような気持ちになったのでしょうね。小学生なのに「博士課程」という言葉が頭に焼きついてしまって、それがきっかけで[1]「自分もいつか勉強して必ず大学院まで行くぞ。」と、心に決めてしまったのだから、三つ子の魂《たましい》、恐《おそ》るべしです。

　そんな私が小学生のころ、憧《あこが》れたのが、放射能の研究で女性としてはじめてノーベル賞を受賞したことで知られる、キュリー夫人でした。

　いまはどうか知りませんが、私の子どものころには図書室に行くとズラリと偉人伝《いじんでん》が並んでいて、小学校低学年のころ、まるで何かにとりつかれたみたいに、片《かた》っ端《ぱし》から、それを読んでいきました。
　[2]偉人伝の人たちは、ウルトラマンと違《ちが》って、地続きのヒーローという感じがしました。エジソンにしろ、リンカーンにしろ、子どものころは度外れて変なところがあったのです。
　完全無欠だから「偉人」になったんじゃない、むしろ人とは異なる欠点や過剰《かじょう》さを抱《かか》えていたからこそ、ほかの誰《だれ》とも違う道を歩むことになったんじゃないか。

最初は欠点だと思われていたことも、そうなると欠点じゃなくなるんですね。度を超《こ》した欠点こそが、その人が道を切り開くときの、ほかの誰にもない武器になっていく。

自分のことを弱点だらけだと思っていた私は、欠点をバネにした偉人たちのギャクテンゲキに夢中になってしまったというわけです。

キュリー夫人にしても、やっぱり、とんでもない欠点がありました。それは、「没頭《ぼっとう》しすぎる」ということ。

偉大な業績はさておき、幼い私がなにより惹《ひ》かれたのは、そこです。なにしろ本を読んでいると、あまりに没頭しすぎて、周りがすっかり見えなくなってしまうというのですから。

彼女《かのじょ》が読書に没頭しているとき、兄弟たちがふざけて周りに椅子《いす》を積みあげてみたら、それでもやっぱり気がつかなくて、読みおわって立ちあがるときに、その椅子がガラガラと崩《くず》れて、はじめて気がついた。それでみんなに笑われても、本人は、どうして自分が笑われたのかわからなかったというのだから、相当なものです。私も本の虫だったので、これにはすっかりうれしくなってしまいました。

（中略）

野尻湖《のじりこ》にある祖母の家のCヤネウラで、ジュール・ヴェルヌの『海底二万里』を見つけたときのことも忘れられません。そこは叔父《おじ》の子ども時代の勉強部屋で、古い時代の本がそのまま残っていたのです。うっすらと本に積もっていたほこりを払《はら》うと、日がDクれるのも気づかないまま、夢中で読みふけりました。

私が、あまりにも本ばかり読んでいるので「このままでは実生活がおろそかになる。」と心配した両親は、やがて、本禁止令をだすようになりました。

「部屋を片付けるとか、宿題をするとか、ほかにやるべきことはいろいろある。そういうことをおろそかにするな。」と。

見つかると怒《おこ》られるから、しまいには、ふとんをかぶり、懐中電灯《かいちゅうでんとう》を持ちこんで、薄暗《うすぐら》い灯《あか》りを頼《たよ》りに読んだりもしました。そこまでして読みたいか、って話ですけど、私は、だんだん本を読むのはいけないこと、後ろめたいことのように思うようになっていたんです。

ところが、キュリー夫人は、人からどんなに笑われようと、そんなことはおかまいなし。

黙々《もくもく》と本を読みつづけ、自分の研究に没頭して、ついに単身ソルボンヌ大学に乗りこんでいきます。生活費や食費にも事欠くなかで、学ぶ、学ぶ、学ぶ。赤かぶとサクランボ以外口にせずに、ひたすら勉強していたこともあったそうです。

　私は、何があろうと揺《ゆ》らぐことのない、あの[4]学ぶことへの飢《う》えに惹かれたのだと思います。


（中略）


　なぜ、知りたいと思うのか。なぜ自分が、時の流れや、宇宙の果てしなさや、答えがすぐには出ないことを考えつづけずにはいられないのか。

　この世界には、未知のこと、わからないことがたくさんあって、どうしてそうなっているのかを、もっと知りたいと思う。どこから湧《わ》いてくるのかもわからないこの気持ちは、たぶん、理屈《りくつ》ではないのでしょう。

　その道を究《きわ》めたら、どんな答えが待っているかもわからないまま、ただ、目の前の問いと一心に向き合い、学ぼうとする人間がいる。

　私は、いまでもそういう人に無性《むしょう》に惹きつけられてしまいます。

　iPS細胞《さいぼう》を開発してノーベル生理学・医学賞を受賞した山中伸弥《やまなかしんや》さんが、テレビのインタビューの中で、こんなふうなことをおっしゃっていました。「実験を繰《く》り返しながら、みんながページをめくっていて、最後にページをめくったときに『あった！』と言ったのが自分だった、[5]それだけのことです。」と、先人の功績を讃《たた》えたのです。ああ、すばらしい言葉だな、と思いました。

エポックメイキングな大発見は、それまで積みあげてきたものがあってはじめて起こるもの。ぽたぽたとしずくが落ちて、やがてコップがいっぱいになり、最後の一滴《いってき》であふれだすみたいに、物事が変わるのはつねに最後の最後の瞬間《しゅんかん》が来たときなのです。

子どものころ、学者や研究者に憧れたのは、そのせいかもしれません。

自分ひとりの努力では、一生のあいだになしえることは限られているけれど、学ぶことでその道を究めようとした人たちは、そうやってバトンを、次の世代、また次の世代へとつないでいくことができる。

人は、生まれて、生きて、やがて死んでいきます。

どんな人も、一回性の命[6]を生きている。そのなかで、いったい、自分は何をなしえるのだろう。

体が弱く生まれたからこそよけいに、私はそのことをずっと考えつづけてきました。

有限の命を生きるしかない人間が、それでも何かを知りたいと思い、それまで誰も解くことができなかったことに挑《いど》んで、それによって、この世界の何かが確実に変わることがある。変わったからとて、いずれは地球も砂になりますから、じつは意味のないことなのかもしれませんが、少なくとも、生きているあいだ、人の幸せとなる何かを生みだせるなら、それはそれで、意味があるのではないか。
自分も、そんなふうに何かをなしえる人になりたいと願った。
学ぶことを志した先人たちがそうしてきたように、何かが少しでも変わることを夢見ながら、[7]自分のページをめくっていかざるをえない衝動《しょうどう》を、幼いころから確かに抱えていた気がするのです。

（上橋菜穂子《うえはしなほこ》『物語ること、生きること』による）

問一 ——線部A～Dのカタカナを漢字に改めなさい。

問二 ——線部1「三つ子の魂、恐るべし」とありますが、ここから筆者がどうなったことがわかりますか、答えなさい。

問三 ——線部2とありますが、「偉人伝の人たち」は「ウルトラマン」とどのような点が違いますか、答えなさい。

問四 ——線部3とありますが、筆者はどうして「すっかりうれしくなってしま」ったのですか。理由を答えなさい。

問五 ——線部4「学ぶことへの飢え」とありますが、「飢え」というたとえを用いることによって、どのような様子が表現されていますか。

わかりやすく説明しなさい。

問六 ――線部5「それだけのこと」とありますが、どのようなことですか。
わかりやすく説明しなさい。

問七 ――線部6「一回性の命」とはどのようなものですか。
自分の言葉で説明しなさい。

問八 ――線部7「自分のページをめくっていかざるをえない衝動」とありますが、
「ページをめくく」るとはどのようにすることですか。
問題文中の――線部6以降の言葉を用いて答えなさい。

＊解答は章末に例示しています。

まず、この文章を理解するには、「キュリー夫人」「ウルトラマン」「山中伸弥さん」のことを知っておくとよいです。この3つのキーワードをどのくらい深く詳しく知っているのかが読解のポイントであり、よりよい解答を書くのに必要となります。

(1) キュリー夫人

この名前を知らない人はいないでしょう。特にこの本文のなかにある、「彼女が読書に没頭しているとき、兄弟たちがふざけて周りに椅子を積みあげてみたら、それでもやっぱり気がつかなくて、読みおわって立ちあがるときに、その椅子がガラガラと崩れて、はじめて気がついた。」という部分は有名な話です。私も、キュリー夫人の話は絵本からジュニア版の書籍、大人用の本などでなんども読みました。この場面は、絵本では必ずといっていいほど描かれるし、私も昔読んだ絵本の絵をなんとなく覚えています。そのときに、小学生だった私は「なんてひどいことをする兄弟なんだろう。本を静かに読ませてあげたらいいではないか」と憤慨したことも覚えています。

また、この問題文のなかの「黙々と本を読みつづけ、自分の研究に没頭して、ついに単身ソルボンヌ大学に乗りこんでいきます。生活費や食費にも事欠くなかで、学ぶ、学ぶ、学ぶ。赤かぶとサクランボ以外口にせずに、ひたすら勉強していたこともあったそうです。」という場面もあまりにも有名で、昔の私には「赤かぶとサクランボ」だけの食事が印象的でした。私のイメージとしては、両方とも「赤い」ことが頭に残り、温かい食事ではないなということを思いました。

実は、このふたつのエピソードも、前もって偉人伝を読んでいれば難なくイメージしながら読み飛ばすことができ、著者の上橋菜穂子さんの憧れる生き方、目指したい方向もなんとなく理解することができるのです。このキュリー夫人の有名なエピソードを本番の試験中にはじめて読むとか、はじめてでなくてもざっとしか知らず、そのことについてなんの感想ももったことがなかったら、著者の精神的な部分に近寄るのはなかなか難しいのではないかと思います。

(2) ウルトラマン

これは、大人も子どもも知らない人はいないテレビのヒーローです。問題文のなかの傍線2、問三で「偉人伝の人たち」は、「ウルトラマン」とどのような点が違いますか？　と聞かれています。本文の「偉人伝の人たちは、ウルトラマンと違って、地続きのヒーローという感じがしました。」に、傍線2が引かれています。ここは、その3行後に書かれている「完全無欠だから『偉人』になったんじゃない、むしろ人とは異なる欠点や過剰さを抱えていたからこそ、ほかの誰とも違う道を歩むことになったんじゃないか。」の部分を答えにすればいいことはわかります。

しかし、最近ではウルトラマンを題材にした絵本があり、人気です。そのウルトラマンはお父さんで自分の子どもには弱いのです。ウルトラマンにもいろいろタイプがあって、世代によって馴染みのあるウルトラマンは微妙に違います。今の子どもは、ウルトラマンという存在を「3分しか戦えない」「戦いながら怪獣はやっつけるけど周りの建物を壊しすぎ」「なんでギリギリまで飛んでこないの？　もっと早くやっつけてほしいのに」など結構冷静に受け止めています。そのような絵本を読んだ今の子どもたちは、「ウルトラマンは完全無欠？」とちょっと迷うかもと私は面白く思いました。このような入試の問題は、解答者の意見ではなく出題者の意図を汲んで著者の考えを書かなければならないので、そこのところは子どもに一度話しておく必要はありますね。

(3)　山中伸弥さん

iPS細胞の開発でノーベル生理学・医学賞を受賞された方です。受賞した内容を詳しく理解する必要はありませんが、iPS細胞、ノーベル賞、山中先生という単語は時事問題のレベルで知っておく必要があります。

その他、この問題文のなかにはエジソン、リンカーン、ジュール・ヴェルヌ、野尻湖、『海底二万里』[*2]という固有名詞が出てきます。この5つの固有名詞についても知っておくと読解の助けになります。文章を読むとき、引っかかるのはまず固有名詞なのです。人名、地名、事件、時事単語など知らない言葉が出てきたら想像することができません。**読解力を高めるには、やはり知っている単語をできるだけ増やすということが必須**なのです。

それと、問題文に「ぽたぽたとしずくが落ちて、やがてコップがいっぱいになり、最後の一滴であふれだすみたいに」とありますが、この例えはよく使われるので、一度実験をしてみておいてください。私も、子どもたちの前で水を半分ほど入れたコップを置いて、そのなかに少しずつ水を加えて、水面が表面張力で盛り上がるのを見せましたが、「おー！」と歓声が上がりました。そして、最後の一滴を落とすだけで本当にあふれるように水がコップの外にこぼれ出す様子は、まさに圧巻なのです。あんなに盛り上がっていたのに、水は何事もなかったようにこぼれ出し、子どもたちはコップの縁までにしかない水面を見て「ふーん」と納得したような、していないような顔をしてそれぞれの遊びに戻って行きました。

やはり、これは見せておかないと！　と思う現象です。のちのち、「感情があふれ出すように」というような文章に出会ったとき、子どもたちはコップの水を思い出すと思います。このようなことも、豊かな感情を育てることにつながります。

子どもは生きている世界がせまく、まだ生まれて何年もたっていませんから経験値が低いのは仕方がありません。テキストや問題集などに出てくることで、**「これはイメージできないな」と子どもが感じそうなことは、そのたびに実際に見せてあげたり、スマホや図鑑で調べて説明してあげたりする**ことが、親ができるサポートです。字面だけ読むと浅い理解になりますから、読んだときにイメージが湧くトレーニングをすることが大事なのです。

国語の点数が上がらない子どもは、知らない言葉が多すぎて、書かれていることを観念的なもの、精神的なものにうまく結びつけられません。やはり、幼い頃から絵本や童謡で言葉の基礎をつくり、読んだ文章をイメージできることが大切です。

2-2 私立開成中学の国語の入試問題

次に、開成中の問題を見てみましょう。1問目は南木佳士さんの小説『熊出没注意』[*3]（南木佳士自選短篇小説集）から出題されました。問題文の長さは約6000字と長いです。この本のページ数でいうと約10ページ半も延々と文章が続きます。解答時間は50分ですから、文章を読むスピードが速くないと時間切れになります。解答は記述式ですから、文章を速く正確に読み、意見を述べたり、説明したりする能力が必要です。

2問目には、なんと、佐藤義美さんが作詞した童謡が出題されています。2問目を掲載します。

次の詩を読んで後の問いに答えなさい。作者は「いぬのおまわりさん」で知られる童謡《どうよう》作家で、この詩も昭和三五年に作られた童謡の歌詞です。

アイスクリームのうた　佐藤　義美

おとぎばなしの　おうじでも
むかしは　とても　たべられない
アイスクリーム
アイスクリーム
ぼくは　おうじではないけれど
アイスクリームを　めしあがる
スプーンですくって
ピチャッ　チャッ　チャッ
したに　のせると
トロン　トロ
のどを　おんがくたいが

とおります
プカプカ　ドンドン
つめたいね
ルラ　ルラ　ルラ
あまいね
チータカ　タッタッタッ
おいしいね
アイスクリームは
たのしいね。

（『日本児童文学大系　第二七巻』より）[*4]

問一　――「めしあがる」とありますが、ここでの「めしあがる」は一般的な使い方ではありません。「めしあがる」という言い方の一般的に見ておかしな点を説明しなさい。

問二　あえて「めしあがる」という言い方をしているのはなぜか、その理由を考えて説明しなさい。

＊解答は章末に例示しています。

「アイスクリームのうた」は、269ページで紹介している『くもんのうた200えほん』に収録されている童謡です。歌詞もメロディーも楽しい童謡なので、子どもに大人気です。実は、この歌は私が子どもの頃、NHKの「みんなのうた」で聞いて、「カタカナが多くて、オシャレな歌だな」と感じた印象深い童謡なのです。この童謡が、開成中の入試問題に出題されているのはちょっと驚きで、開成中の先生方の奥の深さを感じました。

この歌が大好きな我が家の子どもたちがこの年の受験生でこの問題に出会ったら、「ラッキー!」と思い、心のなかで歌って楽しみながら解いたと思います。もちろん、読解力がある受験生なら、童謡を知らなくても解けますが、知っているほうがより解きやすいのは間違いありません。『くもんのうた200えほん』には、入試問題になっている1番の歌詞に登場する王冠をかぶった王子様、2番の歌詞に出てくる王女様、そしてアイスクリームを食べている「ぼく」のイラストが載っています。楽しく明るいこの歌を歌詞とイラストを見ながら歌っていると、童謡の世界観を感じ取ることができて、忘れられない思い出の童謡になります。そうなると、12歳になって入試の緊張した場面でも解きやすいですよね。

この童謡の1番の歌詞のなかで、「ぼくは　おうじではないけれど　アイスクリームを　めしあがる」とあり、尊敬語である「めしあがる」を自分に使っています。開成中の問題の問一では、《「めしあがる」とありますが、ここでの「めしあがる」は一般的な使い方ではありません。》とまず説明し《「めしあがる」という言い方の一般的に見ておかしな点を説明しなさい。》と尋ねています。ここで、この「めしあがる」という尊敬語について熟知していなければなりません。その使い方が変だと感覚で理解することが大事です。

問二では、この「めしあがる」という言い方はおかしな使い方だとして、あえて使った理由の説明を求めています。この問題は、国文法の理屈で考えるより、子どもの頃、歌詞をなんども歌ったときの感覚を思い出すほうが理解しやすいのではないでしょうか。王子様ではない「ぼく」が得意げに胸をはってアイスクリームを食べている姿は、まさに「めしあがる」そのものです。この「めしあがる」がこの童謡の雰囲気を支配しているし、アイスクリームの価値をグーンともち上げています。王冠を頭にのせた「ぼく」のイメージが思い浮かびますね。

私は子どもたちが小さいとき、なんどもこの童謡を歌いました。しかし、尊敬語の話は一切しませんでした。そんな説明をすると、幼い子どもは純粋に童謡を楽しめなくなるからです。その後、中学受験塾の国語の授業で尊敬語、謙譲語、丁寧語をしっかりと学びました。就学前の子どもは童謡の楽しさだけを味わうことが優先です。この歌に関しては、いずれ習う文法のようなことを説明するのは無粋ですよね。

「ぼくはおうじではないけれどアイスクリームをめしあがる」という歌詞は斬新で、「めしあがる」は粋な使い方です。昔は王子様でも食べられなかったアイスクリームを、「ぼくは食べているんだ！」と喜んでいる気持ちをユーモラスに描いています。なんだか微笑ましいですよね。幼い子どもに「めしあがる」の説明は必要ありませんが、「昔はアイスクリームを食べられなかったんだよ」ということはお話ししてあげてもいいかもしれません。

２Ｄの歌詞を見ながら歌い、イラストを立ち上げて３Ｄ映像を頭のなかで動かすことができる能力も読解力なのです。

このように中学受験では、様々な問題で、光景や主人公の気持ちなどを深読みする能力も求められています。

3

読解力はなぜ必要なのか

ふたつの中学入試問題から豊かな読解力が必要なことはおわかりになったと思います。しかし、我が子に読解力をつけようとすることは、テストでいい点数をとり、受験で合格するためだけではありません。

読解力とは、文章を理解するだけの力ではありません。人間同士で会話をするとき、相手が話している言葉を聞いて、相手の顔つき、声の様子、目の動き、手の仕草などを含め、その内容や気持ちを読み取る能力も読解力だといえます。

子どもたちはこれから先長い人生を生きていかなければなりません。自分の意に沿わないことも生きるためにはしなければならないでしょう。いきたい方向を向いて常に生きられればいいのですが、いかざるを得ない方向に流されることもあります。よいことも悪いことも起き、悲しい出来事、辛い出来事に遭遇したりすることもあります。

そのようなときに、支えてくれるのが言葉なのです。人からかけていただいた言葉も支えになりますが、自分が自ら得た言葉があればその言葉ひとつを胸に人間は100年生きていけます。**人間は言葉で思考しますので、その言葉が豊かであればあるほど深く物事を理解することができ、内省もでき、より豊かな人生を送ることができるのです。**支えてくれる言葉は、家族や学校の先生がかけてくれることもあれば、本に書かれていることもあります。

私が昔読んだある女性作家の自伝に書いてあったことで、いまだに覚えていることがあります。彼女は子どもの頃から、周りの人たちに「不美人」と言われていて内心とても傷ついていました。しかし、祖母だけが物心つく頃からずっと「お前の額はいい形をしているね」と褒めてくれたということでした。彼女はこの祖母の言葉を胸に明るく生きられたと書いています。何か辛いことを言われたときには祖母の言葉を思い出し、「私は額がきれいなんだ」と心のなかでつぶやいたとのことでした。私はその文章を読んで、心から味方になって大事に思ってくれる人はひとりいれば実は十分で、その人の温かい言葉は人を一生支えるのだと、言葉の存在の大きさを深く考えさせられました。深い愛情をもって褒めることの大切さを痛感するお話です。

大人でもかけられる言葉で深く傷ついたり、その言葉からなかなか立ち直れなかったりすることもありますから、特に子どもにかける言葉には細心の注意を払わないといけないということです。

活字になった文章を読み解くのが読解力だと考えがちですが、実は、話し言葉の内容を正確に把握することも読解力なのです。

自分の気持ちを相手に正確に伝えるときや、相手の話を的確に理解するためにも、豊富な語彙力や豊かな読解力が必要となります。

それでは、お子さんが読解力をつけるためには、どうすればいいでしょうか。

読解力は、母国語である日本語をいかに使いこなすかということです。日頃普通に使っている日本語なので、英語のように努力しなくてもそこそこの実力はつくだろうと思っている人がほとんどです。しかし、中学入試、高校入試、大学入試に挑む小6、中3、高3頃になって国語の点数がとれない！　と気がつき、読解力の圧倒的不足に気がついて焦ることが多いのです。**読解力のやっかいなところは、入試の前に慌**

ても一朝一夕には身につかないことです。

文というのは、論説文、小説、詩や俳句、説明書、契約書など様々な種類があります。それぞれのタイプで読み取り方を変えなければならず、どのやり方も大人になったら必要なものです。読解力は、国語にだけ役立ちそうですが、実は、算数、数学、理科、社会、そして英語にも関係があります。読解力がすべての基礎になりますから、なるべく早くからゆっくりと丁寧に、しっかりした読解力をつけることは非常に大事なことなのです。小学生になると字を習い文章を読みますので、小学生になったら本格的に読解力を身につけさせる時期に入ります。中学入学時点で、読解力がある子どもとない子どもとでは、その後の各科目の勉強の伸びが違ってきます。

小学生のうちに読解力を鍛えたいとなると、当然その前にひらがな、カタカナ、数字、多少の漢字に慣れておかないと、小学校入学後すぐに文章を読むことはできません。やはり就学前にある程度の基礎的な知識は身につけさせておくほうが、入学後はるかにいいスタートを切ることができるということになりますね。**読解力を育てるには、特に6歳までの幼児教育が大切**だと感じます。なぜ、6歳までなのか、幼児教育に必要なことなどについて、第2章で詳しくお話ししましょう。

28〜29ページ　解答

問一　A見解　B逆転劇　C屋根裏　D暮（れる）

問二　（例）小学生のときに心に決めたとおり、大学院まで進んだこと。

問三　（例）完全無欠ではなく、むしろ人とは異なる欠点や過剰さを抱えている点。

問四　（例）本が好きな筆者は、読書に没頭しすぎて周囲が見えなくなるというキュリー夫人の欠点に親近感を覚えたから。

問五　（例）周囲の評価など気にせず、ただ学びたいという欲求につき動かされる様子。

問六　（例）自分の大発見は、先人たちが積みあげてきたものの最後の瞬間に居合わせただけのことだということ。

問七　（例）一度しかない人生。

問八　（例）何かを知りたいと思い、誰も解くことができなかったことに挑み、人の幸せとなる何かを生み出していくこと。

（『灘中学校10年間スーパー過去問2021年度用』声の教育社より）

37ページ解答

問一 （例）尊敬語なのに、自分の動作を表すのに使っている点。

問二 （例）身分の高い王子様でも昔は食べられなかったアイスクリームを「ぼく」は食べているんだという、自まんしたいほどうれしい気持ちを、ほほえましくユーモラスに描くため。

（『開成中学校10年間スーパー過去問2021年度用』声の教育社より）

＊1『物語ること、生きること』著・上橋菜穂子　構成・文・瀧晴巳／講談社
＊2『海底二万里』作・ジュール・ヴェルヌ　訳・江口清／集英社　くもんのすいせん図書G42
＊3『熊出没注意　南木佳士自選短篇小説集』著・南木佳士／幻戯書房
＊4『日本児童文学大系』ほるぷ出版

第2章

読解力を育てるには、6歳までの幼児教育が大切

1

子育てを、人生の楽しい思い出に

最近は、ネットであらゆる情報があふれています。その多すぎる情報に戸惑う子育て中の保護者は本当にたくさんいます。ひとつの方法にも、よかった、悪かったという感想がネットに飛び交っていますので自ら実際にやろうとするときに、どの意見を頼りにしたらいいのかわからず、自分の子育ての方針を決められないのです。

なかなかはじめの一歩を踏み出せず、同じ場所でくるくる回ることになり前に進むことができません。それは、私もそのような気持ちになったことがありますからよくわかります。なんでもやり始めたら、必ずいい結果を出したいと思うのはみんな同じです。私も長男のとき、果たしてどのように育てようか？　と散々悩みましたが、出した結論は、「何事もやってみないとわからない。とりあえず、よさそうなことをやってみよう。それがもし間違っていたらやり方を変更したらいいだけのこと。いい結果をまず求めるのではなく、気楽にとりあえずやってみよう」ということでした。

それで、いろいろな幼児教育を調べて、公文式教室を選びました。その理由は、6歳になったら子どもは必ず小学校に入学することになるので、後々学校で学ぶことにつながる公文で、チラッとでも前もって見ておいたほうがいいだろうという考えからです。いろいろ能力開発のやり方はありますが、どんなに能力を開発しても、やはり計算の練習などははずせない項目なので、公文式教室に決めたのはよかったと今でも思っています。子どもたちも本当に楽しんで通っていました。

長男と次男が通っていた公文式教室では、お母さんが後ろに座って見ているやり方になっていました。教室の前方に子どもたちが小さな白い机と椅子に座って先生のほうを楽しそうに見ている様子は今でも目に浮かびます。先生は歌を歌ったり、カードをめくったり、絵本を読んだりされていました。そのときの子どもの背中の小さくてかわいくてはかなげなこと。自宅での大変な育児から少し離れて私も一息つける時間でした。その教室は移転のためになくなりましたが、教室を閉めるときに記念として、白い小さな机と椅子と大きなデジタルの掛け時計をいただきました。掛け時計はまだ我が家の壁にかかっています。椅子と机は大事に保存していますが、見れば見るほど小さくて、こんなに我が子は小さかったのかと思うと胸がいっぱいになり、涙が出そうになりますね。

子育てをしている最中は、子どもはどんどん大きくなりますから、なぜか我が子は大きく思えるのです。それで、「こんなこともできないのか、早く自分でやってほしい」とつい思いがちなのですが、時々距離をおいてお子さんをご覧になってください。本当に小さくて小さくて背中で「ママ〜」と呼んでいますから。この大変な時期は体力的にも辛いかもしれませんが、小さいがゆえの「子育ての醍醐味」を存分に味わってほしいですね。

自分の子どもだけを見て、よその子とは決して比べないという気持ちで子育てをすると、子どもという生き物は非常に面白いのです。ひとりでは何もできないので手はかかります。**手がかかってやたらとママを頼っている割には好き勝手に生きている子どもの姿を、じっくりと観察して心から面白がることが「子育ての醍醐味」**なのです。もう大きくなったら二度と味わえないこの「醍醐味」に思いっきり楽しく振り回されてください。それがまず、後悔しない子育ての重要ポイントのひとつです。

また、**子育てをしながら、自分が子どもだったときのことを思い出すのも、子育ての楽しみのひとつ**です。たとえば、子どもに童謡を歌ってあげたとき、自分が同じ歌を母に歌ってもらっていたことを懐かしく思い出しました。自分の幼児期の記憶を辿るのは本当に楽しかったですね。幼児期をもう一度生き直している感じでした。

子どもが「ママ〜」と呼んで、いつも母親にくっつくのは、幼い頃のわずかな期間だけです。幼稚園や保育園でも絵本を読んでくれますが、幼い子どもの特等席は、なんといっても大好きなお母さんのひざの上です。

1歳ぐらいだった長男をひざの上に座らせて絵本を読んでいたとき、私が絵本のページをめくるたびに右のページ、左のページそしてまた右と絵本を見るために頭を左右に動かすので、頭の上の髪の毛が私の顎をくすぐるのです。息子の髪の毛のふわふわした柔らかさに感動しながら、この子の頭が私の顎を越すのもすぐなんだろうなと大きくなるのが少し寂しくなりました。ぜひ、小さなときにひざの上で絵本を読んであげてください。ふわふわとした髪の感触を顎で感じるのはすぐに過ぎてしまう至福のときです。

以前、あるお母さんから、「佐藤さんは、絶対に子どもが嫌がることはしませんよね」と言われたことがあります。私は、そこまで意識していたわけではないのですが、そのように言われてみて「なるほどそうだった！」と気がつきました。確かに、私は子どもの悲しい顔や疲れた顔は何より避けたいものだったのです。だから、**ひたすら子どもの「笑顔」を求めて毎日を過ごすことに努力しました**。

食事のとき、嫌いなものを子どもに「がんばって食べなさい」と言ったことはありません。嫌いでも食べたほうが体にいいと思うものは、味のしないように見えないようにみじん切りにして何かに混ぜました。栄養としては同じ効果です。何かを学ぶときに子どもの「笑顔」が消えたらすぐに私のやり方は取り下げ、量や質や時間などを変えて、まず子どもの「笑顔」を取り戻すことを最優先にしました。やらなければいけないことはどうしてもやらせるのですが、**子どもの努力に頼らないということです。あの手この手でなんとか楽しくできるように、私のほうが努力する**ということですね。

子どもの笑顔を見ながらお母さんも笑顔でいることを、子育ての目標にしてはいかがでしょうか？　子育てをそこまで真剣にせず、適当にしても結局18年間はかかります。お母さんが30歳で子どもを産んだとしたら子どもが18歳になったときには、お母さんは48歳になります。こんなに長くお母さんの人生を使うのが子育てですから、やはりお母さん自身も楽しまなくてはもったいないです。お母さんにとっても、なんども思い出したくなる18年間にしませんか？

注意しなければならないことは、子どもは体が小さいだけで、感情は大人と同じだということです。大人が不快に感じる言動は子どもも嫌なのですよ。大人だって、叱られるよりは褒められるほうがうれしいでしょ？　小さな子どもだから、自分の子どもなのだから、親なのだから、という理由で子どもに何を言っても、どのような言い方をしてもいいという考え方は間違っています。

お母さん自身もやりたいことはあると思いますが、子どもは親の時間を食べて大きくなるといわれています。とりあえず親の時間を思いっきり食べさせるつもりで育てると、次第に覚悟が決まります。

子育てをしながら、自分もこのように親から育ててもらったのだなと想像すると、目の前の子どもが自分の幼い頃に重なって時々クスリと笑えます。これも子育ての醍醐味のひとつです。

column

子どもの反応を面白がるのが子育てのコツ

新美南吉の『てぶくろをかいに』[*1]という有名なお話があります。雪で手が冷たくなった子ギツネが、母さんギツネに片手を人間の子どもの手に変えてもらい、人間の町に手袋を買いに行くというお話です。当時も現在も公文式の国語教材のCⅡの教材にも出てきます。このお話は、なんども子どもたちに読みました。長男が4歳、次男が3歳、三男が1歳のときのことです。

「お母ちゃん、お手々が冷たい、お手々がちんちんする」という子ギツネの台詞を読んだとき、「ちんちん」という言葉が子どもたちに大ウケしてみんなで大笑いしていました。「ちんちんだって。うふふ」「ちんちん、ちんちん」と言ってずっとクスクス笑っているのです。その様子は本当にかわいくて、私も読みながら笑ってしまいました。

大人は、「ちんちん」が手の冷たさの表現だとしか考えられないのですが、子どもは言葉の響きがおかしくておかしくて、ということだったのでしょう。子どもって本当に「うんち」「おしっこ」「おちんちん」などの言葉が大好きですから。

その後、娘が生まれて同じ絵本を読んだときにこの「ちんちん」という言葉にどのような反応をするのかと思いましたが、娘はまったくスルー。それどころか、娘は私が読み終わったら、なんだかすごく怒っているのです。なぜかと聞いたら、娘の言うことには「お母さんギツネは、人間の町で怖い思いをしたことがあるのに、子ギツネと一緒に行っていない。それはお母さんとしておかしい。お母さんギツネは、すでに人間が怖いと知っているのだから、子ギツネをあぶない人間の町にひとりで行かせるのは間違っている。お母さんなんだから、怖くても自分で行かないといけないよね」ということでした。なかなか厳しいお言葉でした。私も、今までこのお話を読むときに少し違和感をもったことがあったのは確かですが、有名なお話なのだからということで深く考えませんでした。でも、娘の言葉を聞いてその違和感が具体的に理解でき、まったくその通りだと思いました。あくまでも、子どもを守るという考えなのですね。

同じお話なのに、息子たちは「ちんちん」で大騒ぎ。一方、娘は「あぶないのに、ついていかないお母さんギツネはおかしい」と正論。子どもたちの反応や視点が違うのが、本当に面白かったです。有名なお話のストーリーに異論を唱えるのは今どきの子どもらしいなと妙に感心しました。私の世代は、有名なものは「ごもっともです」と受け入れるのが普通でしたから、既存のものに躊躇なく自分の意見を言うのはいいことだと思い、子どもの意見を否定せず面白がることにしました。

子どもは思ったことをなんでも素直に口にします。「うんち」などの言葉を口にしたとき、決して怒ったりせず、反応を楽しむことが、子どもを子どもらしく育てることにつながります。まずは、「子どもは子どもらしく」ということを大切にしてほしいと思います。

子どもで気になることがもうひとつ。子どもは、なぜか親がやってほしくないことばかりやるのですよね。やってほしくないことをわざわざ選んでやっているのではないかと思うほどです。子どもって不思議な生き物です。

たとえば、

母「ジュースをあげるね」

子「わーい」

母「ジュースの入ったコップをもって走ったらダメよ」

子「わかってる～」　バタッ！

子「あ～、ママ、こぼした～」

母「ほらね！　だから、言ったじゃない！　もうっ！」

というような場面は、ジュース以外にもなんども経験しました。「だから、言ったでしょ！」という言葉はよく考えてみると面白いですよね。明らかに親は子どもにはっきりと注意しているのに、そのままの言葉通りのことをしでかすのですから、本当に笑ってしまいます。私の注意に返事はするものの、上の空ということが多かったです。だから、注意した通りになって困っている子どもにはいつも私は「ほらね！」と言っていました。

子どもたちが小学生の頃、相変わらず、私の言うことを聞かなかったため困ったことになっている子どもに、「ほらね！」と言うと、子どもたちは「その『ほらね』は、本当にムカつくわ〜」と返すようになってきました。

中学生や高校生の頃にも、子どもは相変わらず親の言うことは聞きません。しかも、案の定、私が注意した通りになっている状態。それを見て私は「ほらね！」。

少し大きくなった子どもたちから返ってきた言葉は、「『ほらね』、出ました〜」。

まったく、懲りない子どもたちです。

大学生になった子どもたちに、ある日、

母「今日は寒くなるから、暖かくして行きなさいよ」と優しい親心。

子「え〜、上着はいらないよ〜」と、なんと半袖のシャツでお出かけ。

優しい母は、上着をもって追いかけるけど、「わ〜い」と言いながら逃げて行く。

その晩帰ってくるなり、「ものすごく寒いわ〜」とのたまう息子。

母「ほらね！」

子「あ〜、『ほらね』いただきました〜」

母「なんじゃや、それは〜」と怒りながら、優しい母は暖かい上着をもってきて肩にかけてあげる。子どもは、なぜか素直に上着を着るから笑える。「寒かったのね。ほらね、ママの言うことを素直に聞かないからよ」という言葉は、大きくなった子どもには言わずに飲み込む母です。子どもって、いくつになっても面白い生き物です。私は時々、今でも思い出し笑いをしています。なんだかすごく幸せな気分になります。「ほらね」に対する反応が、成長とともに進化したのは意外でしたが、子どもは、いつまでも「ほらね」というようなことをしでかすのかと思うと、親も腹が立つというよりなんだか吹き出しそうです。子どもたちのすることなすこと、全部に面白さを見つけると楽しい思い出がたまっていきます。老後の楽しみになりますね。だから、危険なこと以外は何をしても怒らないでくださいね。

＊1『てぶくろをかいに』作・新美南吉　絵・わかやまけん／ポプラ社　くもんのすいせん図書C14

2

幼児教育は無駄を恐れない

私は４人の子育てをしましたが、共通で思ったのは、人間がやるべきことには「旬」があるということです。昔からよく「鉄は熱いうちに打て」といいますが、これは確かに至言だと思うことがなんどもありました。子どもは生まれて18年して大学受験に直面します。その18年間でやるべきことは均質ではありません。学校で12年間学ぶスタートは６歳の小学校１年生です。小学校１年生で学んだものを一番下の土台にして、次の学年から上へ上へと学ぶことを積み上げていきます。だから、小学校１年生の内容は12年間の、つまり18歳で受ける大学受験の基礎になります。土台である基礎事項があやふやだと、どうしても上には乗せていくことができません。**子育てでいえば、６歳までが鉄の一番熱い時期**です。６歳までにほぼ生活習慣が形成されるため、この時期に**幼児教育を通して学ぶ姿勢を身につけると、親も子も後々ラク**なのは間違いありません。

子どもというのは、0歳から18歳まで驚くような成長を遂げます。生まれたときには両手に乗るのではないかと思うほど小さく、18歳の高校3年生になると親は上から見下ろされて、男の子は低い声で「はあ?」と憎たらしい顔つきで反応します。女の子は、母親の弱みをついてきて私は「なるほど!」と思わされることがなんどもありました。18歳からはやはり大人に一歩ずつ近づいて、親からは次第に遠ざかっていくという感じです。そのなかで、親子関係の土台をつくるのはなんといっても、抱っこができる大きさの子どものときだといえます。

我が家では、1歳頃公文式教室に入会しました。長男の入会を考えたときに、とりあえず同じ年齢の子どもさんと遊べたらいいなとも思ったのです。その後、次々と次男、三男、長女も入会しました。子どもたちが教室に通うなかで、私は子どもが、どのように成長するのか考えさせられたことがあります。たとえば子どもに鉛筆をもたせるとします。1歳の子どもは鉛筆を不思議そうに見ながら、とりあえず何か書いてみる。目の前に現れる模様が珍しく、お母さんの言う通り書いて楽しそうです。2歳の子どもは、鉛筆を受け取りながらお母さんの言う通りにはじめはやりますが、飽きてくると「もういいよ」と鉛筆を投げ出すのです。3歳の子どもは、鉛筆を渡すと「何これ？　こんなの嫌だ～」と、言われたことはせずに鉛筆をすぐに放り出すのです。この状態を見てみると、年齢が上がってくると自意識や自我が芽生えてくるのが理解できました。ということは、学ぶためにきちんと椅子に座る、鉛筆で指示通りに書く、お母さんの言うことを聞くなどは、1歳くらいからさせると親子でラクに始められ、やらなければならないことのハードルが低くなるということです。

我が家の子どもたちは1歳頃から公文式学習を始めましたから、鉛筆も勉強道具ではなくおもちゃの一種のように思い、公文のプリントを楽しくやっていました。幼児期のことを尋ねると「なんか、気がついたときには鉛筆をもって公文のプリントをやっていたなあ。いつの間にか、手には鉛筆という感じだった」と話しています。これは、私が狙ったものではありませんでしたが、偶然に早く始めたことが功を奏したということです。「三つ子の魂百まで」といいますが、確かに**子どもが意識する前になんとなく始めさせる、というやり方は幼児教育の重要なポイント**かもしれません。

また、できるだけ早く始めると、子どものそれぞれの性格の特質を掴むことができますので、その後の教育に役立てることができるのです。1歳でも2歳でも、小さいながら個性が出てきますので、早めにその特性を親が把握することは大切です。

また、小学校に入学するとひらがななどを習いますが、人間は習ったからといって、次の日から高い完成度で使うことはできません。なんどか教えてもらって、そして繰り返し練習してはじめて上手になるのです。何も準備せずにいると、入学してすぐにテストなどに対応することはできず、納得のいく点数をとることはできません。小1のテストでいい点数をとることは、その後12年間続く学校生活の良いスタートを切ることにつながり大きな影響をもたらします。しかも、はじめの気持ちの良いスタートは子どもを精神的に支えることになることを、軽くみてはいけません。

6歳までの6年間と中高の6年間を比べると、6歳までは親の言うことを聞きますが、中高時代は反抗して親の言うことを聞かないこともあるでしょう。また、中高時代はそれぞれの受験までにあまり時間がありませんから、この時点で学力が不足していると合格するには苦労します。**就学前なら小学校に入るまでにまだ時間があるので、いろいろと工夫したり、試行錯誤したりする時間と気持ちの余裕を親子でもてる**ので、子育てに非常に有利になります。「うまくいかないな」と思ったときも、ゆっくりと軌道修正できます。就学後になると、次の日にテストがあるのにうまくいかなかったら「なんでわからないの！　さっさと覚えなさい！」と子どもに叫ぶことになるのです。それでは、子どもにとって学ぶことは苦痛になります。あらゆる状態を考えると、やはり早めに幼児教育をおこなったほうがいいということになりますね。

　問題は、そのやり方なのです。お母さんのなかには、「子どもに10与えて、10の結果を求める」方が少なくありません。でも、それは無理な話です。**大人でも10聞いて10のことはできないのに、子どもに求めてしまうのが大きな問題**なのです。「人間は忘れる生き物だ」ということが基本中の基本なのです。だから、子どもには「ちゃんと覚えなさい」と言うのではなく、**「人間は忘れるんだよ。だから忘れてもいいよ。その分どんどん覚えたらいいだけのこと」と話してください。子どもは安心していろいろなことを学べます。**忘れることを恐れながらでは、楽しく学べません。

　長男が生まれて、いろいろなことをしながら思ったことは、「人間はなかなか賢くならない」ということです。子育てには時間と手間がかかるものだと理解し、子どもをきちんと育て上げる覚悟を決めたわけです。特に**子どもが小さなときの幼児教育では、すぐに結果を求めないことが大切**だと肝に銘じました。「鉛筆をもつ」「机に向かう」「椅子に座る」ということは遊びの延長で楽しくできるくらいの時期にやり始めるのがいいと思います。そしてその後じわじわと幼児教育を始め、物心がつく頃に、「鉛筆をもって机に向かう」ことが習慣になればいいと考えます。

子どもに美しい日本語を教えるためには、親が自らの言葉を豊かにしなければなりません。最近は大人も活字を読むことが少なくなり、語彙力不足が心配されています。やはり、子どもの語彙力や読解力は親のものと比例します。子どもをきちんとした日本語の使い手にするためには、親が自分の語彙力をレベルアップするしかありません。子どもと一緒に日本語を楽しみませんか？　童謡、俳句カード（268ページ参照）や読書などを親子で楽しみながら語彙を増やしましょう。俳句カードは、春夏秋冬に分かれているので、読みながら本当に私も楽しかったです。

実際、俳句カードのなかには、私が知らない俳句もたくさんありました。後で気がつきましたが、俳句カードに載っている俳句は実は日本を代表するものばかりで、中学受験用のテキストにかなりの数が載せられていて、テストにも出ました。子どもたちは「俳句カードをやっておいてよかった〜」と言っていました。

幼児教育をするときに大切なことは、「将来、勉強ができる子にしたい」という下

心をもたないことです。○○中学、○○高校、○○大学にぜひ行かせたいという下心があると、「やりなさい」と強要することになったり、習い事、プリント、ドリルなどが義務になったりします。そうなると、子どもが嫌になってしまうことがあり、逆効果になりかねません。

小学校に入学すると、嫌でも勉強をしなくてはなりません。だからこそ、就学前の子どもには、厳しいことは言わず、「ゆるくて楽しい子育て」をしてほしいと思います。笑顔で楽しくプリントをしたり、親子で楽しく知育玩具で遊んでいたりすると、結果として、将来の勉強に役立ちます。**「将来、勉強ができる子」を目標にするのではなく、「楽しく文字や数字に親しんでいたら、結果として小学校の勉強に役に立った」となるのが理想**です。幼児教育は何年かたってから、花開くものなのです。

幼児教育は、「勉強」として強要するのではなく、親が工夫して、「いかに楽しくやらせるか」が大事です。**子どもには知的好奇心が備わっています。「知ることが楽しい」のが本来の姿です。「新しいことを知っちゃった」「わかっちゃった」とうれしく思う子どもの気持ちを大事にしてほしいですね。**

3

早く言葉を覚えたほうが、親子ともにラク

長男が生まれて退院して、いよいよ自宅での子育てが始まったときのことです。私の母が子育ての手伝いに来てくれていました。私の横に寝かせている長男が急に泣き出したとき、私は長男が泣いている理由がわからず、「う〜ん」と言いながら腕組みをして、泣く理由をあれこれ考えていました。そんなことをしているうちに、長男はさらに大きな声で泣き出したのです。そのような私の様子を見ていた母から、「子どもが泣いたら、すぐに抱っこして、おむつを換えるか、おっぱいをあげるのよ」と怒られ、母親として未熟な私は「なるほど、そういうことなのか」とやっと抱っこをして言われるようにしたら、すぐに長男が泣きやみました。そのとき、赤ちゃんは言葉で自分の意思を伝えることができないので、泣くのだという基本的なことをやっと私

は理解できたのです。

私は、長男を抱っこしながら、「あなたも早く言葉を話せるようになればいいのにね。そしたら『ママ、おっぱいが欲しい』って言えてママもわかるのにね」と、話しかけました（笑）。赤ちゃんの泣き声というのはかわいいのですが、新米のママにとって解読するのは困難でした。私は、この先どっちみち言葉は覚えなければならないのだから、幼児言葉を使うのではなくきちんとした大人の言葉で話しかけようと思いました。

生まれたばかりの赤ちゃんはまだ目がよく見えませんが、耳はお腹のなかにいるときから聞こえているといわれています。だから、私はなるべく私自身の声で話しかけることにしました。かける言葉はより美しい言葉のほうがいいので、絵本や童謡の力を借りることにしました。美しい言葉のシャワーを毎日浴びせて、言葉の海で泳がせてあげようと思いました。そうすることによって、知らず知らずのうちに日本語の美しく正確な言葉が子どもの体のなかに入っていくと思ったからです。

子どもは自分が伝えたいことがうまく伝えられなかったり、相手が理解してくれなかったりすると、泣きわめいたり、暴れたりします。大人でも、相手に自分の言いたいことがうまく伝わらないとイライラしたり、もどかしく思ったりしますよね。それと同じです。子どもは言葉を覚えると、親と対等に話すことができ、自分の思いを親に伝えられるため、癇癪を起こして暴れたりすることはなくなります。

だから、**我が子ができるだけ早く言葉を覚えて、親とコミュニケーションをとれるようになると、親子ともにラク**なのです。絵本や童謡で子どもの言葉が増えてきてお話をするようになったら、そのときには子どもの話を「ふん、ふん、それは面白いね」と楽しそうに聞いてあげてください。まだ経験の少ない子どもは「あれ？」と親が思うようなこともよく言いますが、決して否定しないことです。子どもは、全部受け入れてくれる人にはたくさん話します。**親は聞き上手になることが大切**です。

おしゃべりするのが大好きな子どもは、文章を書くのが得意になります。しゃべるということは子どものなかにたくさんの言葉が入っていることですから、その言葉を文字にすれば記述力ということです。**しゃべれる子どもは、文も読めるし書けるとい**うことです。そこが、読解力のはじまりとなります。

4

「子どもにとっていい」と思うことはまず一歩踏み出してみる

長男に幼児教育を受けさせたいと思ったとき、いろいろな教室について調べてみました。それぞれにいいところがあり、様々な意見もあり、本当に迷いました。

そんなとき、迷っている私に主人が「とりあえず、一番いいと思ったところでまずはやってみたら？　どんな教育方法も長所と短所があるのだから、やってみていいとこどりをすればいいじゃないの」と言いました。それで、私もやる前からあれこれ悩まずに気楽に始めてみて、我が子に合うところをうまく使ったらいいや、と気がつきました。そう思ったら気持ちがラクになり、そのとき一番いいと感じた公文式を始めることにしたのです。

お母さん方も、はじめは何をやったらいいのか迷うと思います。でも、迷っている間に、時間はどんどん過ぎて子どもは大きくなっていきます。とにかく、少しでもいいなと思ったら、まず気負うことなく始めてみてください。やりながら、また考えましょう。

公文の教材や知育玩具、絵本の読み聞かせ、童謡の歌い聞かせなどを始めたとき、「長男をただ食べさせて大きくしているだけではなく、より人間らしく成長することにがんばっているママ」という思いになりました。日々、生活面のみに追われているので、少し能力開発をしている感じは、自己満足ですが、親としては精神的にはホッとしました。

最初の一歩をなかなか踏み出せず、ずっと同じところで悩んでしまっているお母さんも少なくありません。でも、とりあえず、**最初の一歩を踏み出してみませんか**。私もそうでしたが、一歩踏み出したら今までとは違う景色が見えてきます。そして、そこでまた周りを見回して考えればいいのです。子育ては、出たとこ勝負の要素が多いので、まずは一歩踏み出してみる、ということはコツのひとつなのです。

column

学ぶことは尊く、学ぶことの邪魔はありえない

講演会では、「下の子が上の子の勉強の邪魔をして困るのでどうしたらいいのか」というご質問が実に多いのです。私はお答えするたびに、我が家で誰かが勉強の邪魔をしている姿を思い出そうとするのですが、どうしても思い出せないのです。それで、長女に尋ねると、「兄たちが勉強しているときには、『邪魔するな』というオーラが出ていて近づけなかった」と言っていました。確かに、我が家では勉強しているきょうだいの邪魔をして喧嘩が始まったというようなことは一度もありませんでした。私がどうしても思い出せないわけです。

私は、子どもたちが1歳頃に公文式教材のプリントを始めたときから、楽しくやることを第一にはしていましたが、いい加減にすることは許しませんでした。何かを学ぶことは、いい加減にしては決して身につかないし、中途半端なことをしては賢くは

ならないということは話していました。線を引くときにも「丁寧に、心をこめて」と説明していました。文字は、いわば記号なので相手にわからないものは役に立たないのです。だから、相手にも、自分にも間違わないように完成形で書くべきなのだということは徹底しました。それで、子どもたちは、学ぶことに対して畏敬の念を知らず知らずのうちにもったのだと思います。

ご質問のなかで、「小6の兄を小2の弟が邪魔をして喧嘩になる。兄の筆箱を弟がいじって兄が怒り、勉強が中断する」というものがありました。その場合、お母さんは受験が近い兄を邪魔した弟が全面的に悪いと思うのですが、私は邪魔されるお兄さんのほうにも隙があるのだと思います。また、家のなかの空気感が、学ぶことに対してゆるいのではないでしょうか？　学ぶことに対しては真摯な態度で臨まなければならないのだ、という環境をつくることが大切だと思っています。

第3章

読解力
我が家の実践

6歳まで❶
絵本と童謡

1

子どもが笑顔で楽しくやることが大事

私は、人間にとって言語は非常に大切なものだと思っていました。だから、子どもたちにはできるだけ豊かな言語能力を身につけさせたいと覚悟をしていました。

それで、字の読めない子どもには、まず絵本と童謡で耳から日本語をたっぷり入れる。そうはいっても、親は毎日の生活で大変で、何か目標がないとできないので、「3歳までに絵本を1万冊、童謡を1万曲」クリアすることに決めました。なんでも数値化しないとがんばれないのは大人も同じです。私が「絵本1万冊と童謡1万曲」を実践しようと思ったきっかけは、公文式教室で知ったスローガンです。

見学に行った教室に**「歌二百　読み聞かせ一万　賢い子」**というポスターが貼ってあったのです。「子どもが歌を200曲歌える、親は絵本の読み聞かせを1万回すると、言葉の能力と感性が育って賢い子になる」という意味でした。「賢い子になるのはいいな」と思い、さっそく実行することに決めました。

はじめて見た読み聞かせの「一万」という数字のインパクトがあまりにも強烈すぎて、「歌二百」と書いてあったのに童謡も1万だとその場で思い込んでしまいました。それ以来ずっと「童謡1万曲」を目指して歌っていました。教室に通い始めて1年ほどたったとき、落ち着いてポスターをまじまじと見たら、なんと！「歌二百」と書いてあるではありませんか！「えー！そうだったの……」と絶句。童謡は、主人が熱心に歌っていて1万回歌うことを目指していたので、とても200だったとは言えず。それで、そのまま1万曲を目指すことにしました。

公文では、プリント学習の他に、カセットテープやCDがついたうたカード、俳句カード、国旗カード、百人一首カード、ジグソーパズル、磁石すうじ盤、お風呂に貼る地図などさまざまな知育教具（268ページ〜271ページ参照）を購入しました。家のなかは公文の知育教具であふれかえっている状態でしたね。

子どもたちが嫌がっているのにやらせたものはひとつもありません。公文のプリントも、子どもがやりたがるまで待ちました。無理矢理させると、子どもは嫌になってしまいますからね。教室に通うまでは毎日ひたすら遊ぶだけだった子どもたちです。プリントをする10分という短い時間も、はじめは子どもにとっては苦痛になる危険性がありますから、遊びからプリント学習に移行するのには気をつかいました。ひたすら楽しくいつの間にかプリントをやっていた、というようにしたかったのです。

絵本の読み聞かせもスラスラと自分で読むようになると読む機会が減ってきます。それは童謡でも同じです。絵本と童謡は旬が短いですからなるべく早く始めることです。プリントをすることも、遊びの延長と考えられるときに始めるとスムーズにできますから、公文式教室などは、早めに始めるといいと思います。

では、我が家ではどのように実践していたかについて、項目別に具体的に紹介します。

【絵本】

2 最初の絵本選びはオススメされているものから

絵本の読み聞かせをしようと決心したときに、まず悩むのが絵本選びです。はじめてだと、どんな本を選んだらいいかわかりません。

私も最初に書店に行ったとき、あまりにもたくさんの絵本があったため、どれにしたらいいか、いろいろ絵本をめくって内容を見たもののどれを買えばいいのか途方にくれました。それで、その日は何も買わずに帰ったことを思い出します。

それでとりあえず「くもんのすいせん図書」[*1]（117・248ページ参照）に全面的に頼ることにしました。

2-1 まず「くもんのすいせん図書」を見て大量注文

「くもんのすいせん図書」の一覧表を見てみるとレベル別に分かれていて、大変参考になりました。それで、はじめの段階から順番に読んでいくのが安心で正解だと思いました。一覧表を書店にFAXして、幼児用の5Aから2Aまでの4つのグレードの絵本をすべて注文しました。親しくしている書店の方も大量の本の注文に驚かれたようです。各グレード50冊ずつですから、最初に200冊をまとめ買いしたわけです。絵本が入った4~5箱の段ボール箱がどーんと送られてきました。箱を開けるときには、ワクワクしましたね。

その後、AグレードとBグレードの100冊も買ったので、一覧表に記載された0歳児から小2までの書籍を全部買い揃えたことになります。かなりの金額になりましたが、我が家はいつも小さな子どもがいて、まめに図書館に行くことができないときもあったので、購入して自宅にいつも置いておくという状態にしないと読まなくなると思ったのです。最終的には、4人が使ったので元はとったという感じでしょうか。

「くもんのすいせん図書」の一覧表は、手に入らなくなった本が、別の本と入れかわるため更新されます。巻末に2020年度版の「くもんのすいせん図書」の表を掲載しています。改めてこの一覧表を見ると実にいい本が並んでいると思いました。今の時代はネットなどで購入することもできるし、使うとすぐに汚れますから古本でも十分です。図書館に気楽に行ける方は、図書館でもほとんど揃っていますので利用してぜひたくさん読んでいただきたいと思います。

我が家も、長男が4歳、次男が3歳、三男が1歳の頃から、日曜日になると主人と私と3人の息子で、ほぼ毎週、図書館に行きました。当時はひとり6冊まで借りられたため、長女が生まれてからは36冊も借りていました。図書館にある紙芝居は全部借りました。紙芝居は、家にはありませんし、本とは違う形式なので幼い子どもには絶対にウケますから、オススメです。

2-2

シリーズものや絵本の月刊誌も購読

「くもんのすいせん図書」も参考に、私が気に入った作者や、子どものお気に入りの作者の絵本も揃えました。我が家で人気だったシリーズは、「11ぴきのねこ」[*2]「ノンタン」「こまったさん」「かいぞくポケット」「かいけつゾロリ」などでした。

特に、「11ぴきのねこ」シリーズは、猫たちのいつでもどこでも我が道をいく様子が面白かったですね。全6冊のシリーズをすべて買い揃え、読むたびにみんなで大笑いしました。シリーズを通して読むと、主人公の猫たちとお友だちになった気分になりますし、猫たちの行動も理解できるようになります。主人公の性格は一貫していますから、シリーズで読むと一見理解不能な主人公の行動もわかるようになります。この手法は、普通の小説の読解にも役に立ちますね。絵本は、「読解力」の入り口となります。

読み聞かせをするときには、親がまず「楽しい！」と感じることが大切です。絵本の文章は洗練されているので、大人でも十分子どもと一緒に感動したり泣いたりと楽しめます。絵本には、実は年齢制限はなく、哲学、心理学、反戦、歴史などもわかりやすく学べるので大人にもオススメなのです。

親が絵本の内容を心から楽しんで読まないと、子どもに面白さが伝わりません。読み聞かせを義務だと思って仕方なく読むと、読み聞かせの意味がなくなりますから注意してください。親子で一緒に楽しみ、子どもの目がキラキラと輝く楽しい時間にしてほしいですね。

絵本を読みながら、子どもの性格や好みの違いを見つけるのも楽しいです。我が家の場合、息子たちはお化けが出てくる話が好きで、白雪姫、シンデレラといった王子様やお姫様が出てくる話にはまったく興味をもちませんでした。名作なので楽しんでほしかったのですが、見向きもしないという感じでした。

一方、娘はお化けの話が大嫌いで、王子様やお姫様が出てくる話が大好きでした。王子様が出てきたら、「もう1回、王子様のところを読んで」と言うので、王子様の登場シーンをなんども読みました。「女の子だなぁ」って微笑ましく思いましたね(笑)。女の子って、本当に王子様が好きなのですね。

私自身は、平山和子さんの『おにぎり』[*3]の絵のリアルさに感動しました。おにぎりの絵がとっても美味しそうなんですよね。三角おにぎりに海苔を巻いているのですが、この海苔が食べたらパリパリと音がしそうなのです。この本を読むと、子どもたちは必ず「おにぎり食べたい。つくって」と言っていました。同じ平山和子さんの『くだもの』『やさい』なども揃えました。

絵本に出てくる食べ物は、なぜあんなに美味しそうなのでしょうか。子どもたちは読んだら食べたくなるらしく、『カレーライスはこわいぞ』[*4]を読めばカレーライス、『こまったさんのスパゲティ』を読めば、スパゲッティを食べたいなあと必ず言っていました（笑）。

子どもたちは、五味太郎さんの本も大好きで、どの本も大人気でした。小さな蒸気機関車が走る『ぽぽぽぽぽ』[*5]という絵本に出てくるのは、「ぽ」「ぽぽぽ」「とととと」などの擬音語と擬態語だけ。また、飛行機が空を飛ぶ『るるるるる』に出てくるのは、「る」と「れ」だけ。絵と言葉の響きを楽しめて、幼い子どもにオススメです。五味さんの絵は、はっきりしていて小さな子どもにもわかりやすいのです。この2冊は、親も読むのがラクなので、私も冊数を増やすためによく読みました。

さらに、福音館書店の月刊誌「こどものとも」[*6]と「かがくのとも」も定期購読しました。新作のお話が読める「こどものとも」は、年齢別に4種類あり、毎月楽しみにしていましたね。内容が良質で安いのでオススメです。

「くもんのすいせん図書」に載っている本を中心に読み聞かせをしましたが、掲載された本は公文の国語のプリントに扱われているのはもちろん、小学校の教科書や塾のテキストにも頻繁に出てくるのでよかったです。なんといっても、知っているお話が授業で扱われるのは子どもも楽しいですから、たくさんのお話を読んであげるのはいろいろとお得です。

第4章で詳述しますが、「くもんのすいせん図書」掲載の本が公文の国語のプリントに出てきたときにも、プリントではお話の一部しか扱われていませんが、前もって全部読んでいると、より深く理解できるのです。また本の内容をプリントで部分的に補足することになるので、読解のポイントがわかり、非常に有意義に問題に取り組むことができるのです。

column

印象に残っている絵本

我が家の子どもたちは長男、長男と年子の次男、次男の2歳下の三男、三男の4歳下の長女の4人で、長男と長女は7歳年が離れています。

息子たちが5歳、4歳、2歳のときに読んだ絵本『そして、トンキーもしんだ』[*7]は、読みながら私が号泣していた思い出があります。戦時中の上野動物園のぞうの実話で、「くもんのすいせん図書」のBに入っています。

　このお話は戦争中の出来事です。ぞうのトンキーは動物園の人気者で、芸をして餌をもらっていました。でも、戦時中は動物にあげる餌はありません。お腹がすいたトンキーは飼育員さんの前で一生懸命芸をしますが、あげる餌はなく、飼育員さんはその芸を見ながら涙を流します。そして、とうとうトンキーは餓死してしまうのです。

　この絵本を読みながら、人間を信じて芸を続けるトンキーがかわいそうでかわいそうで、私は号泣。子どもたちは母親が泣きながら読むので、かなり戸惑った様子でした。しかし、泣いている私を茶化したりしてはいけないと思ったらしく、しかも見てはいけないと目をそらそうとするのですが、母親の号泣が止まらないので、どうしたらいいのかわからずに、3人は正座をしてカチンと固まったまま、じっと絵本だけを必死で見つめていました。私は号泣しながら、まだ幼いのに母親の気持ちを大事に思ってくれているのだと感じて、うれしかったですね。子どもたちが泣いている私を見ないように、今は絵本だけを見なければと一生懸命にママの気持ちを大切にしてくれている姿はかわいいというか、その思いやりに感動しました。本当に忘れられない子育ての一コマです。

グリム童話の『おおかみと七ひきのこやぎ』[*8]も、こやぎのお母さんになりきってしまい「私が買いものに行っている間に、かわいい子どもたちが誘拐されていなくなったらどうしよう?」と想像して、いつも涙がこぼれてきました。子育てする前の自分だったら、この絵本で泣くなんて考えられません。この絵本で泣けるんだと、母になった自分に驚きました。

読み聞かせは、字の少ない絵本のときはラクですが、だんだんに文章量が多くなります。「くもんのすいせん図書」のCに入っている『北極のムーシカミーシカ』[*9]は、児童文学で文章が多かったため、この本だけはなかなか手をつけられませんでした。

ある日、4人の子どものうちふたりがインフルエンザになり、自宅で静養していました。「じゃあ、ずっと手つかずだったあの本を読もうか」と思い、はじめて読んであげました。長い話でしたがじっと聞いていて、うれしそうでした。

「ムーシカとミーシカはホッキョクグマの双子の兄弟」だということは覚えていますが、今はもう詳しい内容は忘れてしまいました。でも、「ふたりの子どもがインフルエンザになったときに、やっと読んであげることができた」ということは今も覚えています。

3

3歳までに1万冊を達成するコツ

3-1
1日に読む冊数を日割り計算

子どもが3歳になるまでに1万冊を読んであげようと思ったとき、まず、3歳までの日数を数えて1万をその日数で割ると、1日に読む目標の冊数がわかります。**読む絵本の冊数を具体的な数字で把握するのがコツ**です。

生後間もない頃から読むと、1日10冊ぐらいですが、長男は生後6カ月頃から読み始めましたので、1日の目標数は15冊にしました。字のない絵本や字が少ない絵本は絵が中心なので、あっという間に読めます。このような絵本のときに予定より多めに読んで冊数を増やしておくことも1万冊達成の裏技です。

3-2 読んだ冊数を記録すると、やる気アップ

1万という膨大な数字を達成するためには、1日に読んだ数を記録して、達成状況が一目でわかるようにするといいです。私は**記録用紙として、1カ月が1枚になった縦に細長いカレンダーを、子どもの人数分用意**しました。**毎日、その日に読んだ冊数と累計数をカレンダーに記入。縦長のカレンダーは計算がしやすい**のです。累計数が毎日少しずつ増えていくと、達成の日が楽しみだし、俄然やる気が出ます。

1日のノルマは15冊で、たとえば今日は忙しくて10冊しか読めなかったとします。昨日までの累計が100冊とすると、今日は110冊と書いて（-5）と横に書くのです。要するに借金が5冊ということですね。しかし、ノルマ15冊+借金5冊=20冊と考えて次の日に20冊読むぞ！　と思うのは挫折の始まりです。借金はまとめて返そうとしないのがコツです。借金5冊を分割払いにするのが、読み聞かせを長く続けるコツのひとつです。読めなかった日の次の日は、ノルマ15冊+2冊=17冊程度にする

のです。少しずつ借金を返したいと思っていても、お母さんは忙しいのでまた借金をしてしまいます。私も借金が40冊くらいたまったことがありました。そのときには、子どもたちに「借金がたまったから、今日まとめて返したいので、みんなで手伝って〜」と頼みました。そうすると、子どもたちは面白がって、いつもより真面目に長い時間私の前に座って読み聞かせを熱心に聞いてくれました。ママの借金返済に、子どもたち全員が協力してくれたというわけです。1万冊達成というのも、みんなで楽しくしたからできたのでしょう。

ちなみにその**カレンダーには、絵本の冊数の他、歌った童謡の数も記録。**後述する、くもんのカード『俳句カード』『ひらがなカード』『たしざんカード』も、数字や○で記録しました。

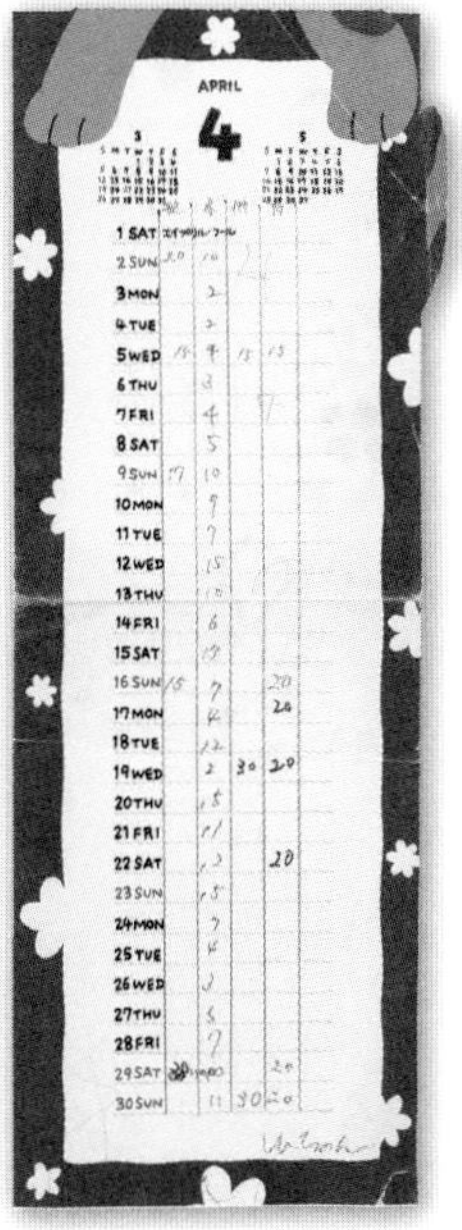

読んだ数、歌った数を記入。縦長のカレンダーは便利でした。

用事がありノルマの冊数を読めないことが前もってわかっているときには、何日か前に前倒しで多めに読むようにしました。つまり、これは貯金です。不思議なもので、お金ではなく本の冊数なのに、借金を抱えているときには少し暗い焦る気持ちになり、貯金ができているときには明るく余裕をもてるのが我ながら面白かったです。このときの経験から、どうせやらなければならないことは、早めにやるに越したことはないと思いました。人は微妙なことが精神的なものを左右する、という知見は後の受験に役立ちました。また、子どもは気に入った絵本は、「もう1回読んで」と言いますから、同じ絵本を複数回読んだときには読んだ回数をカウントしました。

同じ絵本を一度に読んだ回数の最高記録は、一晩になんと54回です。年子の次男が生まれて、複雑な思いの1歳半の長男が「もう1回」「もう1回」と言うので、母ぐまが、子ぐまに「かわいい」と言うシーンのある『こんにちは』[*10]という絵本を延々と読み続けました。ずっと赤ちゃんのお世話をしている私を独り占めしたかったんでしょうね。なんども読むうちに、さすがに疲れてきてやめたくなりましたが、長男の気持ちを考えると言えず。しかし、疲れてくると読む声が怒ったようになるので、これではいけないと思い、回数を数えることにしました。横に紙と鉛筆を置いて、「正」

の字を書きました。そうすると、「冊数が増やせる！」という思いで読むのが苦痛ではなくなり、同じ本を、声色を変えてなど工夫しながら読むことができました。

長男がようやく寝たので窓の外を見るともう明るくなっていて午前4時になっていましたね。今もあのときのことを思い出し、下の子が生まれて長男がどんな思いをしていたのかと思うと、母親として配慮が足りなかったのではないかと胸が痛くなりますが、あの夜、怒らずに同じ本を54回読んだことは、せめてもの私の救いなのです。

3-3 ―― 読む本を前夜のうちに用意しておく

読み聞かせは寝る前だけにするという方も多いのですが、実はそれは現実的ではありません。寝る前というのは、子どもはもう眠くなっていますから読んでいるうちに寝てしまうことが多いのです。それでは最後まで読んだことにならず冊数としてカウントできません。それを考えると、読み聞かせは昼間をメインにするのがいいと思います。しかし、昼間は昼間でお母さんは忙しいので、読むきっかけが掴めずに夜になったということの繰り返しとなる恐れがあります。そして、結局はたいして絵本を読まないうちに子どもは大きくなってしまったということになるのです。

私もはじめの頃はそのような生活だったので、これではいけないと思い、**子どもたちが寝た後、本棚から明日読みたい絵本を15冊選んで食卓の上に置いておくことにしました**。子どもたちは寝ていますから、落ち着いて、明日の子どもたちの笑顔を想像しながら絵本を選べます。次の日の読み聞かせは、その食卓の上の本を家事や育児のほんの少しの合間にどんどん読むのです。**読もうと思うときに本棚から取り出せばいいのでは、と思うかもしれませんが、そのほんのわずかな何秒かの時間がとれないのが子育ての実情**です。だから、前日の夜、前もって本を選んでおくといったことは子育てでは絶大な威力を発揮するのです。そもそも、人生もそのようなことの積み重ねですよね。目標とするものを、目に見えるようにするのは受験の鉄則でもあります。

3-4 お父さんにも手伝ってもらう

忙しすぎるお母さんひとりで1万冊はさすがに大変なので、**お父さんにも手伝ってもらいましょう**。我が家では、主人がだいたい2割ぐらいの絵本を読んでくれました。同じ絵本だとしても、父親と母親とでは声や読み方が違うので、子どもたちはそれぞれの読み聞かせを楽しむことができます。

column

働いているお母さんは、帰ったら子どもに読み聞かせを

私は専業主婦でしたが、最近は仕事をされているお母さんも多くなりました。働くお母さんの悩みは、子どもとの時間がとれないということです。「どうしたらいいでしょうか?」というご質問は本当に多いのです。「もし働いていなかったら、もっと充実した子育てができると思うのですが……」と嘆くのです。私は「それでは、仕事をやめますか?」と聞くとそれはできないと言います。人生で「もし……」と考えることは意味がありません。今いる自分の立ち位置に覚悟をもつことが、まずするべきことです。働いていても家に帰って1分もないわけではありません。自分の生活を具体的に書き出して、帰宅後の時間を分単位でスケジュールを立てることです。頭のなかで描いていても、現実に流されてしまいますから必ず何かに書き留めることが重要です。そして、普段は帰宅してまずお母さんは着替え、夕食づくり。お子さんと夕食

をとった後、コーヒーを飲みスマホを見ながら……というようなことがよくある光景ですよね。でも、コーヒーとスマホではなく、絵本を手にとって読んであげてください。のんびりされたいでしょうが、お子さんが眠るまでは、子ども優先でお願いします。当然ですよね？　そこの意識改革が重要で、読み聞かせを日常化することです。そうすると、働いているお母さんでも1万冊読むことは難しいことではありません。

私も毎日寝る前に布団のなかでも読んでいました。私の左に次男、右に三男、その三男の隣が長男という体勢で。長男は遠慮してママの隣は小さな三男に譲っていました。でも、小さい順に眠くなるので読んでいるうちに、まず三男が寝てしまいます。そうすると長男と入れ替わってママの隣は次男と長男になり、何冊か読んでふたりが寝落ち。三男が寝る前、寝た後の冊数は厳密に数えて、3人のカレンダーに記入。ここはいい加減にしないことが目標達成の秘訣です。数字にはシビアな態度をとることこそが、とった統計を信じられるものにできるのです。

4

子どものウケを狙って読むのがコツ

絵本は、子どものお気に入りを選び、子どもにウケる読み方をすることが子どもを絵本好きにすることにつながります。つまり、**絵本の選び方も読み方も、ウケ狙いを考えると間違いありません。**たとえば、絵本の登場人物によってちょっと声色を変えるだけで子どもは大笑い。子どもが絵本の世界に入り込んでいる姿はなんともいえないかわいらしさです。

読み聞かせの方法には、様々な意見がありますが、私は、子どもも自分も楽しいのが一番と思い工夫していました。次ページから私が実践していた子どもにウケる読み方のコツをご紹介します。

4－1 読むスピードに緩急をつける

親が読んであげる、という態度では面白い読み方はできません。子どもをお客様と思い、絵本の読み聞かせをエンターテイメントと考えるといろいろな工夫を思いつきます。まず、読む速度です。ずっと同じ速度で読んでも、ニュース番組のようになり、子どもは楽しめません。基本の読み方は「大きな声でゆっくり」ですが、スリリングな場面は早口で、子どもの期待感を高めたいときにはさらにゆっくり、など、**読む速度に緩急をつけると盛り上がります。**

4－2 登場人物によって、声色を変える

さらに、登場人物によって声色を変えることにもチャレンジ！　登場人物になりきって元気な声、弱々しい声、裏声、かわいい声、低いドスのきいた声など、お母さんも楽しみながら声を変えてみましょう。動物の鳴き声も、その動物になりきって鳴

いてください（笑）。お子さんは声色の変化だけでも笑ってくれますよ。

絵本には擬音語や擬態語がたくさん出てきます。たとえば「ドッカーン」は大きな声で、「ピカピカ」や「ポロリ」などはかわいい声でといったように、**その言葉がもつイメージに合わせて、工夫して読んでみましょう。**

4-3 擬音語や擬態語の読み方を工夫

擬音語や擬態語のなかには、不思議な言葉もあります。たとえば、谷川俊太郎さんの『もこ もこもこ』[*11]。地面から丸いものが「もこ」と出て、「もこもこ」、「もこもこ」とだんだん大きくなります。この他「にょき」「ぱく」「もぐもぐ」「ぱちん！」などの言葉が出てきます。これらの言葉をゆっくりとコミカルに読むだけで、赤ちゃんにも幼児にも大ウケしますよ。

お化けが出てくる『めっきらもっきらどおんどん』[*12]も、「めっきらもっきらどおんどん」を、子どもがちょっと怖がるように読んでみてください。我が家の子どもたちは、お化けが出てくるとくもの子を散らすように逃げていき、少しすると柱の陰から恐る恐る顔を出し近づいてきて、またお化けが出ると逃げるの繰り返し。自分の感情に正直に行動できる子どもたちを見ながら、羨ましくもありました。

4-4 場面に合わせて、間をしっかりとる

絵本を読むときに間が大事なのは、落語や漫才と同じだと思います。**物語の場面が変わるとき、オチの前、主人公の決め言葉などの前では、もったいぶってしっかりと間をとると効果的**です。子どもたちは聞きながら、お母さんの声が一瞬でも聞こえなくなると「??」となり「次は?」と身を乗り出してきます。そうすれば、しめたものです。その次の言葉には、「お〜!」となります。同じ言葉でも話し方次第で、心に残ったり残らなかったりすることがあるのは大人も経験があるでしょう。それと同じです。ページのめくり方もゆっくりめくる、パッとめくるというように使い分けると子どものワクワク感は一層高まります。

絵本を初見で読むと効果的に読めないこともありますから、お子さんがいないときにこっそり練習しておくといいですよ。

5

絵本で読解力の基礎を育て、精神年齢を高める

子どもは、絵本を読んでもらう立場から、いずれ大きくなって、自分で絵のない複雑な文章を読み解くことが避けられない立場に立たされます。そして、受験に立ち向かうことになるのです。当然、はじめから難しい文章を読んだり内容を理解したりすることはできません。**読解力には欠かせない「2Dの文章を3D映像に立ち上げる能力」を培うには、小さな子どもの頃からの絵本の読み聞かせが最適**なのは間違いありません。絵本は書かれている言葉の内容が絵に描かれていますから、頭のなかで映像化しやすいのです。**絵本で、「2Dから3Dへの変換」の練習を意識せずにすること**になります。絵がないと幼い子どもは書かれている内容を映像化することはかなり難しいですが、**絵本を使うと登場人物や風景などを目で見ることができますから、読解**

力の下地が自然と身につくことになります。

また、絵本には、登場人物の気持ちも描かれています。しかも、登場するのがくまさん、きつねさん、りすさんなどのかわいく描かれた動物なので感情的なことが理解しやすいのです。うれしい、悲しい、寂しい、人を羨ましく思う気持ちなど、様々な感情が出てきますが、子どもにも無理なく理解できるようになっています。大きくなって、国語の問題で人物の気持ちを記述するときにもかなり役に立ちます。

このように**絵本のなかで、擬似体験をするうちに人間関係なども学び、様々な場面の経験値も上がり、その結果、精神年齢も徐々に上げることにつながります。**たくさんの絵本のなかの登場人物に出会い、「どういう気持ちなのか」「何を言っているのか」などの推測がつくようになり、小学校のテストや中学受験の問題も解きやすくなるということです。そのように考えると、「読解力」というのは一朝一夕にはつかないことがおわかりでしょう。

ただ、**絵本を読み聞かせているときには、「ひらがなを早く覚えさせたい」「後々の国語の点数に結びつけたい」ということは、決して思わないように。**絵本は、子どもがただひたすら内容と描かれている絵を楽しむために存在します。

【童謡】

6 くもんのうたカードを利用

公文式教室で「歌二百　読み聞かせ一万　賢い子」を見て「やっぱり童謡は必要なのだ」と、自分の考えは間違ってはいないことを再確認しました。

「童謡を1万曲歌う」という目標を立てたとき、まず、くもんの『母と子のうたカード』と、別売りのカセットテープを購入しました。うたカードは1集から3集まで各巻30曲ずつ収録されていました。「日本語を大事にしましょう」というコンセプトのもとでつくられていますので、伴奏もシンプルで、歌詞がとても聞き取りやすいのがよかったですね。

長女が3歳になるまでは、車で外出するときには、常に車内に童謡が流れていました。いつも聴いていたため、子どもたちは曲の順番もすっかり覚えていました。
『母と子のうたカード』は、現在『CD付き童謡カード』になっています（268ページ参照）。カードは、縦が約12センチ、横が約18センチで大きく、子どもがもちやすい厚さで角が丸くて安全です。表面に童謡のイメージの絵と歌い出し、裏面には1番を中心とした歌詞が書かれています。付属の「うたのしおり」には、全曲のすべての歌詞が載っています。大人も知っている歌でも意外な覚え違いをしていることもありますから、かなり参考になると思います。

絵はほのぼのとしたタッチで描かれており、幼児教育で使うために考え抜かれてつくられていると思いました。現在の『CD付き童謡カード』と、長男のときのカードの絵は基本的に変わっていません。飽きがこない親しみやすい絵だから、ずっと使われているのだと思います。現在も変わらない絵を見ると安心感があり、懐かしい気持ちになりますね。

『CD付き童謡カード』の最初に収録された曲は『ぞうさん』[*13]です。この曲の言葉の数は8語です。言葉の数が少なく、意味もわかりやすく覚えやすい曲から順番に並んでいます。歌にはメロディーがあるため、耳から入ってきた言葉をメロディーとともに記憶しやすいですね。

２０１７年に、『ＣＤ付き童謡カード』１集から３集に収録されている90曲に１１０曲をプラスした『くもんのうた２００えほん』が発売されました。公文式の「歌二百　読み聞かせ一万　賢い子」のスローガンに合わせて、２００曲の名曲が載っています。お子さんに絶対歌ってほしいと思う曲ばかりです。

また、長男がもうすぐ生まれるとき、当時の小学校教育を知るために全学年の全教科の小学校の教科書を取り寄せて読んでみました。すると、私が小学生のときに習った『村の鍛冶屋』[*14]『あかいくつ』『むらまつり』などの童謡が音楽の教科書から大量に消えていたのです。ショックでしたね……。日本国民の定番の童謡だと思っていましたから。私は、これらの童謡はこのままでは日本から消えてしまうのではないかと心配になり、**学校で教えないのなら私が歌いつないでいこうと決心**しました。我が家の子どもたちがこの童謡を一度も聴くことなく大人になるのは母親として耐えられなかったからです。さっそく、童謡集、名曲集などを取り寄せました。私がメロディーや歌詞を間違えて覚えていると、子どもたちの耳に間違った歌を入れることになりますから、自分の記憶を一応チェックしました。

7 オリジナルのうたカードを作成

私は、様々な出版社が発行していた「日本の歌100選」といった本や、安田祥子・由紀さおり姉妹の童謡集なども購入しました。そのなかで**特に気に入った童謡があれば、くもんのうたカードと同じ大きさの紙を用意して、表に絵を描き、裏に歌詞を書き、オリジナルのうたカードをつくりました。**

私はのちに子どもたちの勉強のサポートのために、間違えた問題を集めたオリジナルノートをつくったり、大学入試の過去問をばらしたりして、手づくり教材をつくってきましたが、その原点が、このオリジナルのうたカードだといえますね。

子どもたちに童謡を歌ってあげるときには、テープやCDはかけず、カードを見ながら、アカペラで歌いました。童謡集に収録されている曲は有名な曲が多いので、ほとんど知っていましたが、あまりよく知らない曲はテープやCDを聴いて前もって練習しました。親が間違えて歌うと、子どもは間違えた歌を覚えてしまいますから、自分が覚えている童謡が正しいかどうか、念のため一度CDでチェックしてみることをお勧めします。正確に歌ってあげることが大切ですから。

くもんの『CD付き童謡カード』。オリジナルのうたカードも同じ大きさで手づくりしました。

8

3歳までに1万曲を達成するコツ

子どもが3歳になるまでに1万曲を歌うと決めたら、**絵本と同じように、日々歌うべき曲数を日割り計算し、絵本の冊数を記入する細長いカレンダーに、歌った曲数と累計数を記録しました。**同じ曲でも2回歌えば2と記録しました。

歌った曲数をカウントするのに利用したのが、『母と子のうたカード』や自分で手づくりしたオリジナルのうたカードです。家事の合間に歌うため、歌い終わったらカードをプラスチックの箱に入れるとカウントがラクです。夜、箱に入っているカードの枚数を数えてカレンダーに記入しました。

お母さんひとりで1万曲は大変ですから、**お父さんにも歌ってもらいましょう。**うちの主人はカラオケが大好きですから、4割ぐらいの童謡を歌ってくれたので、とても助かりました。

「童謡1万曲」で**こだわったのが、「親が歌う」ということ**です。カセットテープやCDを流した曲はカウントしていません。安田祥子さん、由紀さおりさんが歌う童謡も聴かせましたが、あまりにも上手すぎて、子どもたちはほとんど反応しませんでした。声自体をBGMのように感じたのかもしれません。

一方、私や主人が歌う童謡は、子どもたちは喜んでいました。やはり、お腹にいるときから聞いていたお母さん、お父さんの親しみのある声だからこそ、子どもの心に響くのでしょう。「歌に自信がない」という方も、子どもはお母さん、お父さんの声が大好きですから、自信をもって歌ってあげてください。

といっても、なかには子どもがあまり反応しない曲もありました。主人も私も大分県出身ですが、特に主人は、大分県竹田市の岡城がモデルになっている滝廉太郎の『荒城の月』[*15]が大好きなのです。それで、主人は『荒城の月』を、よせばいいのに気持ちよく朗々と歌うのです。子どもの反応は「また、お父さんが歌ってるね」と冷めていたのが見ていておかしかったですね。この曲の他に『つきのさばく』[*16]も好きなので、これもひとり悦に入って歌っていましたが、子どもたちは「はいはい」という感じでした。主人は「ママ～。せっかく歌っているのに、おもちゃに夢中で聞いてないよ～」と嘆いていたので、「子どもたちの耳にちゃんと届いているから、大丈夫」と慰めました。実際、子どもたちの記憶にはしっかりと残っていたようで、大人になった子どもたちは、「親父は、『荒城の月』と『つきのさばく』が好きで、よく歌っていたな」と言っています（笑）。

主人が子どもの反応がイマイチのときに嘆いていたように、お母さん方から「絵本やカードを読んでも、童謡を歌っても反応がないんです」と相談されることがあります。きっと「子どもに喜んでほしい」「自分がやったことを評価してほしい」と願っているのでしょう。でも、**親が子どもの反応を期待しすぎるのはよくない**と思います。子どもは親の思い通りにはなりません。

絵本の読み聞かせのときには、絵を見るために子どもたちは親の近くに寄ってきますが、童謡を歌うときには親のそばに子どもたちが来る必要はないのです。たとえ、**子どもがおもちゃに夢中になっていても、歌声は子どもの耳に届いていますから、気にせずに歌ってあげてください**ね。

赤ちゃんに童謡を歌ってあげるときも同じです。あまり反応しなくても、ちゃんと聞こえています。**お母さんやお父さんの歌声は、言葉のシャワーとして、子どもにしっかりと蓄えられていきます。**

子どもの反応がイマイチでも、親が楽しければいいのです。歌った童謡の数をカウントして、「こんなに歌ってあげた」という自己満足でもいいと思うんです。とりあえず、歌ってあげましょう。絵本の読み聞かせ同様、親も楽しみながら歌うことが、毎日続けるためのコツです。

column

先生の周りを「ちかちかゴーゴー」と歌いながらグルグル

2歳の長男が公文式教室に通っていたときのことです。学習が終わると、先生が5～6人の保護者を前に、いつもお話をしてくださるのです。その間は、子どもたちは教室のなかで自由に遊んでいました。

当時、長男は『ちかてつ』[*17]という童謡が大好き。先生と私たち保護者は円になってお話をしていました。そのとき、長男は私たちの円の周りを早歩きしながら「ちかちかゴーゴーゴー、ちかちかゴーゴーゴー」の部分だけを楽しそうに、延々と歌ってグルグル回るのです。

まだちっちゃくて、座った先生の肩よりも背が低かったのですが、お母さん方にとっては歌いながら歩いている長男が規則的に目の前を「ちかちかゴーゴーゴー」と通り過ぎるので「また回ってきたなぁ」と思いながらも、そのかわいらしさに先生の話がほとんど頭に入ってこなかったようです（笑）。私もその姿のかわいらしさに吹き出しそうでした。

教室を出た後、お母さん方も「先生のお話、ほとんど覚えていない。『ちかちかゴーゴーゴー』しか頭に残っていない」とのこと。みんなで大笑いしました。

自分が乗り物になったような感じだったのでしょうか。「ちかちかゴーゴーゴー」と楽しそうに歌いながら、先生のお話が終わるまでずっと回り続けていた長男の姿は目に焼きついていて、いまだに思い出し笑いをして幸せな気持ちになります。

9

童謡で語彙力がつき、教養が身につく

童謡の『ずいずいずっころばし』[*18]や『げんこつやまのたぬきさん』などの遊び歌でもよく遊びました。玄関を入ってすぐの柱には、『せいくらべ』[*19]の歌詞と同じように、子どもたちが背を比べてつけた傷が今も残っています。その傷を見ながら、「子どもたちが、こんなに小さかったときもあったなぁ……」とあらためて懐かしく思います。

主人は『ふるさと』[*20]を歌う前にはいつも、「お父さんが子どもの頃、『兎追いし』を、うさぎが美味しいんだと思っていたんだよ」と必ず思い出話をつけ加えるので、子どもたちからは「その話は100万回聞いた〜」と言われていました。

童謡で知った言葉を実際に目にすることもあります。たとえば、紅葉の名所・正暦[*21]寺に行ったとき、『まっかなあき』[*22]の2番に出てくるカラスウリを見つけました。子どもたちはカラスウリがどんなものか知らないで、「カラスウリって真っ赤だな」と歌っていましたので、本物を目の当たりにして「これか～。本当に真っ赤だ」と感動していました。**言葉が先に入っていたものを実際に見ると、すごく感動するし、記憶に残りやすい**です。やはり、「百聞は一見に如かず」とはよくいったもので、**子どもたちにはなるべく本物を見せてあげることが大切**だと思います。

『むしのこえ』[*23]には、松虫、鈴虫、こおろぎ、くつわ虫、馬おいの鳴き声が出てきます。中学受験塾の理科のテストに、毎年、虫の鳴き声が問題に出されます。4人ともこの問題はいつも「心のなかで歌いながら、解く」と話していました。私も童謡がこんなにテストに役立つとは、と驚きでした。

　私自身、母から童謡を歌ってもらっていたので、私が母になったら、今度は私が子どもに歌ってあげようと思っていました。祖父母から父母へ、父母から子どもへと歌い継がれる童謡は、日本の大切な文化です。**日常生活のなかに童謡があると、語彙力がつき、幅広い教養も身につき、心も豊かになる**と思います。

　また、**親が情景を思い浮かべながら、思いをこめて歌うと、子どもは歌詞を聞きながら、その情景を頭のなかで思い浮かべるので、読解力にもつながります。**

＊1　くもんのすいせん図書（巻末の参考資料に掲載）　公文式教室での読書指導の成果から、子どもたちに人気が高く内容も優れている650冊の本を、5AグレードからIグレードまでの13段階に分け、各グレードに50冊の本を配列したリスト。子どもたちに読書のきっかけを与え、本への興味・関心、そして読書力を高めていけるように選定されている。

＊2　『11ぴきのねこ』作・馬場のぼる／こぐま社　くもんのすいせん図書A11
「ノンタン」シリーズ作・キヨノサチコ／偕成社　くもんのすいせん図書4A29『あかんべノンタン』
「こまったさん」シリーズ作・寺村輝夫　絵・岡本颯子／あかね書房　くもんのすいせん図書A46『こまったさんのスパゲティ』
「かいぞくポケット」シリーズ作・寺村輝夫　絵・永井郁子／あかね書房　くもんのすいせん図書B44『なぞのたから島』
「かいけつゾロリ」シリーズ作・原ゆたか／ポプラ社

＊3　『おにぎり』文・平山英三　絵・平山和子／福音館書店　『くだもの』『やさい』作・平山和子　くもんのすいせん図書5A5　5A18

＊4　『カレーライスはこわいぞ』作・角野栄子　絵・佐々木洋子／ポプラ社　くもんのすいせん図書A41

＊5　『ぽぽぽぽぽ』『るるるるる』作・五味太郎／偕成社　くもんのすいせん図書4A6『るるるるる』

＊6　「こどものとも」「かがくのとも」いずれも月刊誌　一カ月各440円／福音館書店

＊7　『そして、トンキーもしんだ』作・たなべまもる　絵・かじあゆた／国土社　くもんのすいせん図書B46

＊8　『おおかみと七ひきのこやぎ』作・グリム　絵・フェリクス・ホフマン　訳・せたていじ／福音館書店

＊9　『北極のムーシカミーシカ』作・いぬいとみこ／理論社　くもんのすいせん図書C44

＊10　『こんにちは』文・わたなべしげお　絵・おおともやすお／福音館書店　くもんのすいせん図

書5A21

＊11『もこ　もこもこ』作・たにかわしゅんたろう　絵・もとながさだまさ／文研出版　くもんのすいせん図書5A15

＊12『めっきらもっきらどおんどん』作・長谷川摂子　画・ふりやなな／福音館書店　くもんのすいせん図書A5

＊13『ぞうさん』作詞・まど・みちお　作曲・團伊玖磨　くもんのうた200えほん1

＊14『村の鍛冶屋』文部省唱歌

『あかいくつ』作詞・野口雨情　作曲・本居長世　くもんのうた200えほん190

『むらまつり』文部省唱歌　くもんのうた200えほん199

＊15『荒城の月』作詞・土井晩翠　作曲・滝廉太郎

＊16『つきのさばく』作詞・加藤まさを　作曲・佐々木すぐる　くもんのうた200えほん192

＊17『ちかてつ』作詞・名村宏　作曲・越部信義　くもんのうた200えほん146

＊18『ずいずいずっころばし』わらべうた　くもんのうた200えほん103

『げんこつやまのたぬきさん』わらべうた　くもんのうた200えほん10

＊19『せいくらべ』作詞・海野厚　作曲・中山晋平　くもんのうた200えほん171

＊20『ふるさと』作詞・高野辰之　作曲・岡野貞一　くもんのうた200えほん194

＊21 正暦寺(しょうりゃくじ)奈良市菩提山町にある寺院。

＊22『まっかなあき』作詞・薩摩忠　作曲・小林秀雄　くもんのうた200えほん87

＊23『むしのこえ』文部省唱歌　くもんのうた200えほん176

第4章

読解力
我が家の実践

6歳まで❷
公文式学習ほか

1

4人全員、1歳頃から公文式教室に通った

公文式の教室に通わせることを検討している保護者の方や現在通わせている方から、「どのようにやるのが一番いいか」といった相談を受けることがよくあります。教材や知育玩具のより効果のある使い方を悩んでいる方も多いですね。

公文式では、教材の順番や学習方法は、長い実践によって良いとされる基本的なやり方があります。まずは基本的なやり方が大切です。そのうえでこの章では、我が家が公文の学習で、どのような工夫をしたかについてお伝えしましょう。公文式は「個人別ということを大切にしている」となんども聞きましたので、効果のある学習方法の工夫もご家庭によって違い、いろいろあってよいと思います。教室の先生と相談しながら実践して、我が家でうまくいったことなどを、ひとつの例としてお話しします

ので、参考にしていただければと思います。

なんでも新しいことを始めるときには、とりあえず早く始めたほうが何かと都合がいいのです。物事は始めたからといってその日からうまくいくことは難しいので、助走期間も考慮に入れておく必要があります。親もその助走している間にゆっくり考えることができます。だから、子どもを何かの幼児教室に通わせたいと思っているのなら、早い時期から始めたほうがいいですね。その教室が子どもに合わないと感じたときに、教室を変える余裕があるからです。ただし、いったん通い始めたら、半年は通わせて様子を見る必要があります。すぐにやめるのは得策ではありません。

子どもも3歳を過ぎると自意識が出てきますから「嫌だ」「行きたくない」と反抗する可能性も高くなります。このため**できたら2歳までに公文などの幼児教育の教室に通わせて、「気づいたらやっていた」という感じで、日常生活のなかに自然に勉強の時間を組み入れられると親もやりやすい**です。

長男、三男、長女は1歳半頃から、長男と年子の次男は8カ月頃から、公文式教室に通いました。教室を選ぶときに、「家から近い」ことは大きなポイントになりますが、「先生」とのお付き合いも長くなりますから、先生との相性も大切です。**子ども**

の性格や学力をよく理解して、親にきちんと説明や話をしてくれる先生が、子どもの能力を伸ばしてくれます。我が家の場合、家から少し離れていて車で20～40分ほどかかる先生の教室に通いました。その先生は4人の子どもたちの性格に合わせて指導してくださいました。

長女は、ひらがなを書くプリントが大好きでとにかくどんどん書くのです。それで、プリントは進むのですが、字は全部読めるものの文章で読もうとしません。単語が読めるのに長くなると読まないのです。それで、普通は読んだり書いたりできるようになって次の段階のプリントに進むのですが、先生は長女の様子を考慮して「今読まなくてもいずれ読むのだから、本人が楽しくやっている『書く』ことをさせましょう」と言ってくださいました。それで、ひたすら書くことに集中していました。公文のプリントはそれぞれの段階でできなければいけない項目が決まっているので、それをクリアして次の段階に進むのが正式なのですが、娘がそのような指導を受けたらなかなかプリントが進まずに飽きてしまってやめたかもしれないと思います。子どもによっては新しいプリントのほうがやる気が出るので進ませるバランスが難しいところです。しかし、ちょっと変則的な娘をやる気がなくならないようにご指導してくださった先生には本当に感謝しています。

[*1]公文式国語教材のＡＩに入るときには、さすがに文章をスラスラ読まないと後が大変になるので、「ここらへんで読む練習をさせてほしい」と先生から言われました。私も確かにそうだと思ったのでプリントを進めるのはやめて読む練習をすることにしました。そうすると、恐る恐る始めたものの10日もしないうちに普通に読むようになって、今までの私の心配はなんだったのだろうと思いました。それで、無事に読みもできるようになって次に進むことができたということです。このことを先生にお話ししたら、先生も驚いていました。そして、先生と私でお互いに胸をなでおろした次第でした。

我が家の子どもたちは全員が公文式教室に通っていたので、きょうだい同士でお互いにやっているプリントを覗き込んで「面白そうなのをしているな～」などと言い合っていました。やっと、カタカナに入ったときには「あこがれのカタカナだ」と大喜びをしていました。これも、学校で習う前なので、本人としては遊びの延長に近い感覚で、勉強ではなかったのです。これが、学校で習ってテストがあったりするとカタカナを楽しむことなどできないでしょう。私は、この「あこがれの」という言葉を聞いて、公文で早く始めてよかったと思いました。

20数年前の当時と今では公文式教室の様子はだいぶ違うと思いますが、先生とのアットホームなやりとりは、教室の楽しい思い出です。教室に行くと、飴をいただきました。甘いものを食べて血糖値を上げると、脳の働きがよくなるそうなので先生が取り入れた方法だということでした。音楽の好きな先生だったのでBGMにモーツァルトが流れているときもありました。モーツァルトの曲を聴くと、集中力を高めるα波という脳波が出るということで、いいと思うことはどんどん取り入れてくださる優しい先生でしたね。

教室の庭にはサクランボの樹があり、サクランボの季節になると、通っている子どもたちに「取っていいよ」と言ってくれたので、我が家の子どもたちも大喜び。アットホームな教室で、教室自体が子どもたちにとって楽しいところでした。4人の子どもたちがお世話になったので、今もその先生と交流があります。

我が家では、4人の子どもたちが「公文に行きたくない」とか「公文のプリントをやりたくない」と言ったことは一度もありません。成長した後も、全員が「公文は楽しかったなぁ」と言っています。

2 公文式と読解力

我が家では、4人の子どもたち全員が、1歳頃から楽しく公文のプリントに取り組みました。日々の生活のなかに公文のプリントがあり、それが日常でした。線を引くところから始まり、国語で文字を覚え、短い文章から次第に文章が長くなり、少しずつレベルアップ。算数の計算も国語と同じように、徐々に段階的に難しくなったので、無理なくやることができました。

公文の国語の問題の文章は、読み聞かせをした絵本から出題されることが多かったため、子どもたちはそのシーンを頭のなかで思い浮かべながら問題を解いていたようです。プリントは本の一部分を切り取って問題にしていますが、元の出典の本を読んでいるので、問題を解きながらこのようなところが本のポイントなんだということも理解できます。

せっかく始めた公文をやめてしまうお子さんがいるのは残念に思います。公文の学習を続けたことが、我が家では、読解力の基礎をつけることにつながったと思いますので、やめずに続けてほしいですね。

読解力は子どものときだけではなく、大人になっても必要な能力です。**子どもの性格を一番把握しているのは親ですから、お子さんに応じて様々な工夫を凝らし、就学前から読解力の基礎を身につけさせて**ほしいと思います。

2-1 3歳前なら、国語と算数がオススメ

3歳になる前に公文に通う場合には、国語、算数、英語の3教科だと負担になる場合もあるので、その場合は、国語と算数だけでいいと思います。英語よりも、まず母国語である日本語をしっかりと学びましょう。

1教科だけやらせたいのなら、計算力がつく算数がオススメです。算数の頭は幼いときから鍛えたほうがいいと思います。

我が家の子どもたちも、最初は国語と算数の2教科から始め、長男が5歳、次男が4歳のときに英語も加えてみました。でも3教科だと、教室での学習時間や自宅での宿題などの時間が増えて余裕がなくなってきたため、1年半ほど英語をやった後、国語と算数だけに戻しました。長女は年中のときに英語を1年ほど勉強。そのとき、とても楽しそうだったので、5歳のときに英検5級にチャレンジし、合格しました。その後、中学受験の勉強を優先したため、英検の勉強はしていませんでしたが、中学に入学後、英検4級からまた受験を始めました。

4人とも公文の勉強を楽しんでいましたので、中学受験塾に入るまで公文のプリントは続けました。自宅の近くに公文の教室がない場合などは、通信学習を利用するといいでしょう。

幼児教育にあまり関心がなく、「小学校に入ったら教えてくれるから、就学前の勉強は不要」と考える保護者もいるようですが、最近は小学校入学時点で、ひらがなをすらすらと書けるお子さんも少なくありません。一方で、まったく書けないお子さんもいて、二極化が顕著になっているようです。小学校入学早々に、「自分はできない」と劣等感を抱かせてしまうと、やはりかわいそうだと思います。

入学前にひらがなをすらすら書けると、自信をもって学校生活をスタートできますから、前もっての準備は今や必要不可欠な時代です。準備をして入学すると学校の授業もよくわかるため、余裕が生まれ、学校が楽しい場所になります。

小学校に入学したら勉強せざるを得ません。それならば、就学前から始めて、気持ちよく小学校生活をスタートさせてあげてください。教育の基本である「読み、書き、計算」を、小学校入学まで待つ必要はありません。

明治時代に活躍した作家・幸田露伴は、4歳のときに漢文で書かれた書籍を読んでいたといいます。また、東大医学部を卒業した作家・森鷗外も、5〜6歳の頃に、祖父から漢文を教わっていたといわれています。

幸田露伴も森鷗外も、身近によき指導者がいたので、6歳までに漢文を読むことができたのです。要するに、幼い子どもはうまく導いてあげると喜んで学ぼうとするということです。**「まだ○歳だからできない」と決めつけたりせずに、楽しく言葉を体のなかに入れてあげて、**小学校入学までにひらがなの読みと書き、一桁の足し算ができるように導いてあげるとよいと思います。

2－2

最初は、線を引く教材からスタート。はみ出さないことが大事

公文の教材を始めるとき、公文式教室で幼児用の芯が柔らかい太めの6B鉛筆[*2]を購入しました。1歳児にはちょっと長いため、のこぎりで半分の長さに切りました。子どもの手のなかに収まってもちやすくなります。

次男は8カ月で公文を始めましたから、はじめは鉛筆のもち方までうるさく言いませんでした。まずは楽しくやることが大切だからです。でも、1歳半頃から公文を始めた長男、三男、長女には、鉛筆の正しいもち方を意識させるために、矯正器具をたくさん購入して、鉛筆にセットしました。

最初に間違ったもち方を覚えると、後で直すのは大変です。正しいもち方を身につけ、小さな文字をきれいに速く書けるようにしたことが、結果として、受験のときにも役に立ったと思います。

鉛筆をもって勉強することを習慣にするために、公文のプリントは実に最適なのです。最初は、ぐじゃぐじゃ書きや線を引く教材で、運筆力がつきます。くま、ぞう、

きりんなどのカラーのイラストがかわいいので、子どもたちは楽しく取り組んでいました。公文のプリントのいいところは、まずプリントの大きさが子どもにちょうどいいこと、それと絵がかわいくて色がきれいなことです。

長女がやる頃には、運筆の教材は「ズンズン教材」[*3]と呼ばれるようになりました。ズンズン教材は、幼児向けの国語や算数の教材と並行してやります。この教材をやらせるときには、お母さんはそばにいてあげてください。そして、線が引けたら、大げさなくらいに褒めてあげましょう。子どもはお母さんに褒められるのが大好きですから、「またやろう」と思います。こうして、プリントに取り組む習慣を幼い頃から身につけていると、机に向かって勉強することへのハードルが低くなります。

ズンズン教材をやらせるときに気をつけてほしいのが、「線がはみ出ないようにする」ことです。お母さんから「ズンズン教材の線を引くときに線がはみ出ていますが、気にしなくてもいいでしょうか」と聞かれることがありますが、我が家では、はみ出すのはNGにしていました。

何も言わないと、子どもはいい加減にやってしまいます。私は、線がはみ出すと消しゴムで消して、「はみ出さないように線を引いてね」と優しく言うことにしていました。**最初に、「きちんと丁寧にやらせる」ことが大事**です。線がはみ出したらお母さんが消してあげて、「丁寧に線を引くように」と優しく、穏やかに言ってください。はみ出したからといって、絶対に怒ったり叱ったりはしないでくださいね。

また、「●から★へせんをひきましょう」という教材の場合、スタートである●に鉛筆をおろして、きちんと●からスタートさせ、★でぴたっと終わらせてください。指示通りにきちんとやるように導いてあげましょう。

2－3 文字は最初から丁寧に書かせる

ひらがなを書き始めたら、ゆっくりでいいので丁寧に書かせましょう。

普段の私の子育ては、子どもが危険なことをしているとき以外は注意せず、子どもが楽しそうにやっていることを温かく見守る「ゆるい子育て」が基本です。子どものやりたいようにやらせていて、厳しくすることはありませんでした。

でも、**「文字を丁寧に書く」ことにはこだわり**、子どもが雑に書くと、見逃さず必ず注意しました。「それ、字じゃないよね」と、低い声で注意します。最近、大学生の娘が言っていたのですが、そのときの私は「結構、怖かった」そうです（笑）。

普段は口うるさく言わない「ゆるい子育て」でしたが、子どもたちが丁寧さを欠いて、いい加減にやっているときにははっきりと注意して、締めるところはしっかりと締めていたのかな、と思います。

「丁寧」とは、心をこめて、時間をかけるということです。子どもは心をこめることも、時間をかけることも苦手です。何も言わないと、早く終わらせたくて、雑にやってしまいます。雑に書いているのに注意をしないと、子どもは「これでいいんだ」と思ってしまいます。

子どもは親をよく見ていますから、いい加減なこと、間違えたことをやっても注意されないと、親を軽く見るようになります。**褒めるときには褒め、注意が必要なときにはしっかりと注意することが大事**です。

途中から急に「丁寧に」と言ってもなかなか言うことを聞きませんから、鉛筆をもってひらがなを書き始めたら、必ず、丁寧に書かせてください。最初が肝心です。

文字や数字を丁寧に書くことを徹底させないと、問題を解くときに間違えやすくなるし、漢字のとめる、はねる、はらいなどをいい加減に書く子どもになってしまいます。

国語のＡＩ教材を終え、ＡⅡになると、丁寧に書き写す「視写」をやります。文章を読んで、解答箇所を見つけ出し、正確に視写することによって、学習の基本姿勢が身につきました。

私の子どもたちのときには「視写」がたくさんありましたが、現在は、「読んで見つけて書きうつす」は、ＡⅡの最初に、『おかあさんだいすき』『11ぴきのねこ』『カレーライスはこわいぞ』『しょうぼうじどうしゃじぷた』の4つが各10枚です。

子どもは面倒くさくて視写を雑にやりがちなので、たとえば右利きの子は、左の指でプリントの書いている字をおさえて、間違わないように丁寧に書き写させました。我が家では、左手がぶらんと下がっていて目だけで視写しようとして、間違えることがありました。

常に丁寧に文字を書く習慣が身につくと、漢字のとめる、はねる、はらいなどを正確に書くようになるだけではなく、算数の答えを書き写すときなどにも、間違えなくなります。そのことが、のちのテストで点数を落とさないことにつながるのです。

2－4　長男が宿題のプリントをやりたがるまで待った

長男は1歳半頃から公文式教室に通い始めました。教室では鉛筆をもって楽しそうにプリントをやっていました。毎回教室に行くと次回までの宿題のプリントをもらいます。私は、昨日まで一日中遊んでいた子に、急に「宿題プリントをしなさい」とはかわいそうで言えませんでした。それで、長男の生活になんの違和感もなくプリントを入れようと考えました。このため、私が読み聞かせたり、歌い聞かせたりするプリントはやりましたが、長男が鉛筆をもって書くプリントは、長男が自分から「やりたい」と言い出すまで根気強く、気長に待つことにしたのです。

毎日、「先生からいただいたプリントをママがやってみるね」と声をかけ、私が宿題のプリントを楽しくやっている姿を見せることにしました。「あ～。このプリント楽しい」と言いながら、私が楽しそうに線を引いていると、半年ぐらいたった頃、長男が「ぼくもやる～」と言いました。このように根気強くじっと待ち続けるのがコツですね。親が「やらせる」のではなく、子どもが自分から「やりたい」と言うまで、根気強く待つとその後がうまくいきます。乳幼児期は、子ども自身が「楽しい！」と感じることが一番大切なのです。

あるお母さんから「子どもが『公文が嫌だ』と言って泣きわめくことがあります」と相談を受けたことがあります。それは、プリントの枚数が多すぎるのか、やる時間帯が合わないのか、お母さんの働きかけが無理矢理なのか、何か理由があります。その理由を具体的に考えてあげないと、叱るだけではますます嫌がるようになります。**公文のプリントを役立てようと思ったら、やはりやり方が大事**です。

公文の教材は少しずつステップアップし、1枚終わると次のプリントに進めるので、本来は楽しいはずです。我が家の子どもたちはプリントが大好きで、「次のプリントは何？」と楽しみにしていました。公文の教材はよくできているのに、続かなくなるのはもったいない。**お子さんが嫌がっているときには絶対に強要しないでください。まずは、その理由を考え、嫌がる原因を取り除いてほしいですね。**

たとえば、1日5枚であっても、そんなにできないときには、1枚でもいいのです。真面目にさせようとしすぎて、嫌がる子どもを枠に押し込めるのではなく、お子さんの気持ちを大切にしましょう。「子どもがやりたがらなかったので、1枚だけやりました」と先生に伝えればいいのです。長続きさせるためには、とにかく、お子さんが楽しくやれることが大事です。

長男のときには、私が楽しそうにやっている姿を見せましたが、次男、三男、長女は、兄が楽しそうにプリントをやっている姿を見ていたので、「早くやりたい」と言っていて、ごく自然に始めることができました。

長男が公文式教室に通い始めた頃に生まれた次男は、生後8カ月の頃に、長男がプリントをやっているのを見て、自分もやりたかったのか、長男のプリントをさわろうとしていました。年子の次男はまだ伝い歩きを始めたばかりだったので、「公文に通わせるのは早いかなぁ」とも思いましたが、椅子には座ることはできたので、思い切って次男も通わせることにしました。

まだ8カ月ですから、文字もきれいな線も書けません。鉛筆を握って、「えい」「えい」とか言いながら、プリントに殴り書きしているような感じでした。周りのお母さんからは「8カ月から通わせるのは早すぎるんじゃないの」と言われました。でも、次男が「自分のプリント」を手にして、ニコニコしながら楽しそうに殴り書きをして、長男の邪魔をしなくなったので、よかったと思っています。

4人の子どもが公文に通うようになってからは、夏休みにはそれぞれの子どもが1日にやるプリントの枚数を渡し、一斉にプリントを始めました。そうすると、家のなかが勉強をする雰囲気になり、かなりの枚数が学習できます。

子どもは「自分のプリント」があるのがうれしいんですよね。ひとりだけやったり、ひとりだけやらなかったりではなく、4人のきょうだい全員が一斉にやるのが楽しかったようです。きょうだいのプリントを見て、「今、それをやっているんだ」などと楽しそうに話していました。

お母さんのなかには、「上の子が先に勉強し、下の子は少し遊ばせてからプリントをさせる」方がいるようですが、そのやり方ではなく、スタートは同時にするのがコツです。私は、みんながやっている様子をぐるぐる回って見ていました（笑）。プリントを始めるのは同時ですが、終わる時間は子どもによって違います。終わった子どもから、リビングの隣の和室にそーっと移動して遊んでいました。

column

蚊を見て泣いた娘。1文字の言葉を教えるのは難しい

娘は車で公文の教室に連れて行っていました。いつも早めに着くので時間が来るまで近くの公園の横に車を停めて待っていました。ある夏の日、助手席のチャイルドシートに座っている娘が「わぁーん」と泣き出したのです。私が何かと聞くと、「あれ！　あれ！」とフロントガラスを指差し大騒ぎです。フロントガラスに近づいてよく見ると、ちょうど娘の目の前に1匹の小さな蚊が止まっているのです。それを指差して泣いていることがわかりました。よくこんな小さなものに気がついたなあというような大きさなのですが、大騒ぎで泣いています。しかも、蚊はガラスの外なのでたいしたことはないのです。それで、私は「蚊」という虫であることを教えようとして「蚊よ。蚊よ」と説明しました。そうしたら、一瞬泣きやんだものの、「ママ〜。かよかよ、っていう虫?」と言いながらまた泣き出します。

私「違うよ。蚊なの」

娘「かなの、っていう虫?」

私「違う。蚊。蚊。蚊」

娘「わぁ~ん。かかか、っていう虫?」

私「違うの。蚊ぁ~!」

娘「かあ、っていう虫?」

私「違うよ。蚊よ。蚊よ」

娘「わぁ~ん。かよかよ、って虫?」

と、またはじめに戻り、なんだか訳のわからない無限ループ。私は、1文字の言葉の説明がこんなに難しいとは知りませんでした。虫が大嫌いな娘が、いちいち怖がって泣くので、私も早く教えてあげようとしたのに全然成功しなかったのは、今考えれば大笑いなのですが、全然泣きやまないので結構焦りました。

しかし、当の蚊は、車のなかで大騒ぎしている母娘を尻目に飛んで行ってしまい、一件落着。娘も目に涙がいっぱいでしたが、安心した様子。私は、「結局、あの虫が蚊ということはわかったのかな?」と思いましたが、娘に尋ねると藪蛇でまたややこしくなりそうなので、蚊のことは不問に付すことに。それにしても、ゴミみたいな小さい蚊だったのに、子どもは自分が小さいので大人よりなんでも大きく見えるのですね。娘にとってあの蚊は、ちょっとした怪獣のように見えたのかもしれないと想像しましたけど。帰宅してから息子たちにこの話をすると、みんな大爆笑。幼かった娘のかわいい思い出として、今もあの日のことは鮮明に覚えています。

3

教材を楽しくやるために、あの手この手の工夫を凝らした

我が家の子どもたちが、「公文をやりたくない」と一度も言わなかったのは、**子どもが楽しく続けられるように、あの手この手の工夫をした**からだと思います。それらの工夫についてお話ししましょう。

3-1 やる枚数を壁に吊るす

公文の宿題のプリントは、毎日の目標枚数を決めて、**その日にやる枚数を大きなリングに通し、日付の付箋をつけて4人分を並べて壁に吊るした**こともあります。やった子どものプリントはだんだん少なくなりますが、やらないとプリントは減りませ

ん。それが目に見えるので、やっていない子どもは「自分だけたくさん残ってる。やらなくちゃ……」と感じるのか、私が言わなくてもちゃんとやっていましたね。

3-2 筆記用具を変えてみる

簡単にできる工夫としてオススメなのが、筆記用具を変えることです。いつもは公文の幼児用鉛筆で書かせていましたが、子どもが「疲れてきたな」「飽きてきたな」と感じたときには、先生と相談して筆記用具を色鉛筆、ボールペン、クレヨン、サインペン、クーピーなどに変えたことがあります。筆記用具が変わるだけで子どもは楽しくなり、気分が変わります。

また、漢字を書くときに筆ペンを使わせたこともあります。本当は墨をすって筆で書かせたかったのですが、墨をこぼしたり、墨がついた筆でいたずらしたりすると困るので、筆ペンにしました。漢字を筆で書くときに、正しい書き順だと書きやすい。教材の「飛」の書き順を間違えたときには、筆ペンで別の紙に大きく書かせました。筆ペンで漢字を書くと、書き順、はねる、とめる、はらいなどの大事さを理解し、より意識して書くようになります。

3-3 ご褒美にお菓子

子どもがまだ幼いときには、お菓子でつったこともあります（笑）。目標のプリント数と同じ数のマーブルチョコを並べ、「1枚終わると1個食べられる」というルールでした。楽しく教材をさせるためには、様々な小道具が必要で、マーブルチョコもかなり使いましたね。マーブルチョコは、色がきれいで溶けにくいので使いやすかったのです。

3-4 プリントにシールを貼る

プリントにシールを貼って、プリントを楽しい感じにするのもオススメです。私は百円ショップで買ってきたシールを、その日にやるプリントに貼っていました。子どもってシールが大好きなのですよね。シールを貼ってあげると、本当に喜んでいました。

お母さんがちょっと手間をかけるだけで、子どものモチベーションがアップしますので、ぜひいろいろと工夫してみてください。

3－5 休むときには迷うことなく休んで 無理をしない

我が家では、「ひとりが熱を出すと、全員お休み」というルールもつくっていました。やるときも、休むときもきょうだい一緒でした。ひとりが熱を出すと、教室を全員で休んでいましたから、行かない日も結構ありましたね。「毎週毎週行く」ことにこだわらなくてもいいと思います。

公文は、一斉に授業を行うのではなく、それぞれが自分のペースで進めますので、忙しいとき、子どもが行きたくないときには、無理してまで行く必要はありません。お母さんがプリントを受け取りに行ったり、郵送してもらったりすればいいのです。お母さんが働いていて通塾はなかなか難しいというときには、送迎の必要がない通信学習もオススメです。

公文の教材は本当によくできていますので、せっかく始めたのに途中でやめてしまわずに、**あるときは細く長く、あるときは集中してと、子どもの様子を考えながら続けるのがいい**と思います。やらなければならないという義務感で毎日同じようにやるのではなく、**休むときには休んで、絶対に無理をしないことが楽しく長続きするコツ**だと思います。

3-6 教材内容一覧をチェック

公文のホームページには、教科ごとに教材内容一覧が載っています。今やっているのはどこで、今後、どのように進んでいくかについては、ぜひとも目を通しておきましょう。教材内容一覧をチェックしていると、あと何枚プリントをやるとカタカナ、あと何枚プリントをやると漢字といったことがわかります。子どもはひらがなからカタカナ、カタカナから漢字に進むことに憧れの気持ちをもっています。

子どもに「あとプリントを○枚やったら、漢字よ」と声をかけると、「もうすぐだ！」と喜んで、モチベーションが上がります。**お母さんが、教材内容一覧とお子さんがやっているプリントをしっかりとチェック**して、声かけをすることが大事ですね。子どもは先が見えてくると、やる気がでますから。

幼児期から公文などの教室に通わせるときには、その教室に任せすぎるのではなく、お母さんが一工夫するだけで、子どものやる気と学力がぐんと伸びます。

3−7 やるプリントの枚数を固定しなかった

私が、毎日毎日子どもたちにプリントをやらせていたと思っている方がいらっしゃるかもしれませんが、実はそんなことはなく、全然やらない日も結構ありました。旅行や帰省をしたとき、運動会などの学校行事があったとき、体調がよくないときなどには、一切させませんでした。やらないと、不思議なものでやりたくて仕方なくなるんですよね。自宅に戻ったり、体調がよくなったりしたら、「プリントやりたい」と言って、自分からやっていましたよ。

公文では、基本的に毎日決まった枚数を学習します。ただ、我が家では、学習枚数に緩急をつけるという工夫をしていました。

お母さん方のなかには、旅行や帰省のときにもプリントをもって行く方がいらっしゃいます。でも、旅行や帰省のときまでプリントをさせないで、思いっきり遊ばせることがあってもよいと思います。そうすると、自宅に戻ってからしっかりとやりますから。**緩急をつけることが大切**です。

また、毎日同じ枚数をやるのではなく、週や曜日によってやりやすい枚数に変えるのもコツです。たとえば、翌週は学校行事などがあって忙しいとします。そんなときは、「今週は毎日5枚ずつやってね。でも、来週は毎日2枚でいいから」とか「算数の1枚だけやろうか」などと伝えるのです。

忙しいときも忙しくないときも、毎日5枚、毎日10枚と枚数を固定するほうが、親はラクかもしれませんが、子どもの忙しさや疲れ具合は違いますので、やるのが嫌になってしまいます。

だから、枚数の緩急をつけることは大事です。私は毎日、子どもの様子を見ながら、「今日は何枚やれるかな」と考えて、変幻自在にやる枚数を変えていました。その日にやる枚数を決めたら、ゴールである「枚数」をはっきりと子どもに伝えることが大切です。ゴールが見えると、子どものやる気はアップします。

子どもに「今から宿題のプリント5枚ね」とゴールの枚数を言ったときに、否定的に「えー」と言ったら、そこには必ず理由があります。そのようなとき、「そんなこと言わないでやりなさい！」などと、子どもの気持ちを否定したり、強要したりしてはいけません。

子どもが「えー」と言うからには、何かしらの理由があります。疲れているのか、枚数が多いのか、レベルが高いのか、幼稚園や小学校で何かあったのか、その理由を考えましょう。私はそのようなときには、「今日は1枚でいいよ」と言っていました。子どもが「わーい」と言って、1枚だけやっていました。子どもを観察し、子どもの気持ちを考えて枚数を調整することが大切です。

毎日、子どもの様子をよく見て、やる枚数を考えて決めていましたが、4～5カ月間の中期目標は立てていました。たとえば4月の時点で、「夏休みが終わるまでに、このレベルは終わらせたい」と思えば、日割り計算をして「1日にだいたいこのぐらい」という目標を立てるのです。**1年間の目標だと期間が長すぎるし、1～3カ月間だと短いので、中期目標がオススメですね。**

4

公文式学習を子どもがやりやすいように工夫

公文式教室では、何を間違ったのか、自分で気づき、訂正して再提出ということを学習だと考えています。

公文式教室のやり方で、私が難点だと感じたのは、間違えた解答を幼児が消しゴムできれいに消すことです。そこで私は、教室に任せすぎるのではなく、先生の許可を得たうえで子どもがやりやすいように工夫しました。その方法についてお話ししますね。

教室に行くと、前回出された宿題を見直し、次に課題のプリントをやって採点。それを見直して、間違えたところをやり直してから、再度提出します。「見直し」→「課題をやる」→「見直し」を繰り返すのですが、子どもは苦手なところを間違えていますから、ひとりで「見直し」をするのは結構大変です。

特に、幼い子どもにとっては、「消しゴムできれいに消す」という作業はとても難しく、ハードルが高いことなのです。きれいに消そうとすると時間がかかるうえ、うまく消せないと前の文字が残ってしまい、正しい答えを書きにくい。ですから、先生の許可をとったうえで、「消しゴムで消す」作業は私が担当することにしたのです。きれいに消してあげると、子どものやる気も出ます。

赤ちゃんがいて、教室に通えなかったときには、先生にそのことを伝えて、先生から解答をいただき、一度採点してもらった間違い直しのプリントを自宅に持ち帰りました。自宅では子どもの横に座り、子どもが1枚解き終わったらすぐに採点し、間違えたところは私が消しゴムで消しました。私が採点し、間違った答えを消しているときに、子どもは2枚目のプリントにとりかかっていましたので、すごく効率がよかったです。お子さんが幼いときには、お母さんが「採点して、誤答を消す係」を担当するのも工夫ですね。子どもはなんども同じところを間違えることがあるため、間違えた理由などについては、間違えたその場ですぐに教えました。時間がたってから間違いを指摘するのではなく、間違えたときにすぐに教えるほうが、子どもの記憶に残るし、同じミスを繰り返さなくてすみます。

子どもが幼いときに、公文のプリントの採点をして、二人三脚で勉強したことは、中学入試、大学入試の勉強のときにも応用しました。子どもが過去問を解いたら、すぐに私が採点。私が採点している間に、子どもは次の過去問を解いていました。

このように**お母さんがサポートしてあげると、効率がいいだけではなく、子どもが気持ちよく勉強することができます。**

5 公文の国語の学習

第1章で紹介したように、難関中学の国語の入試問題は深読みできる読解力が求められます。その基礎となるのが、公文の国語のプリントの短い文章だと思います。入試問題に比べると問いもシンプルで、意地悪にひねった問題はありません。徐々に答えを導いてくれますから、解きやすいのです。どんどんプリントを進めていくうちに、読解力の基礎が自然に身についたのだと思います。

5-1 まず出典の絵本を読む

国語のプリントの文章は、「くもんのすいせん図書」からたくさん出題されているため、その絵本を読み聞かせていると、絵本の絵の記憶が残っていて、2Dの文章が3Dに立ち上がりやすいのです。プリントには出典が書かれていますから、その絵本を読み聞かせたことがなければ、いきなり教材のプリントをやらせるのではなく、まずはその絵本の読み聞かせをしてあげましょう。子どもが最初から最後までの話の流れを知って、感動した後に、教材のプリントを学習してほしいですね。

はじめて読むお話より、絵本を読んでもらって絵が記憶に残っていて、全体のストーリーを知っているお話のほうが解きやすいのは当然です。子どもも自分が知っているお話がプリントに出ているとうれしくなって、文章を読むのが楽しくなります。子どもにとっては教材というより、絵本の一部なんですよね。だから**「くもんのすいせん図書」とプリントをセットで考えることが大切**です。セットにして学ぶとプリントの良さがより活きてきます。

我が家の子どもたちは、「ママが絵本で読んでくれたお話だ!」と、喜んでプリントに取り組んでいました。楽しく読んでもらった絵本のお話が、設問で突っ込んで聞かれているので、「こんなこと聞いてくるんだ」と、子どもたちにとってはちょっとした驚きだったようです。

文章を見たとき、「このお話、知ってる」と思って楽しく読むのと、書いてあるお話を知らず、「面倒くさいな」と思って読むのとでは、どちらのほうが読解力がつくかはわかりますよね。

今思えば、絵本の読み聞かせは、文章と絵を結びつける練習だったように思います。はじめて見る2Dの文章を3Dに立ち上げる力が読解力ですから、プリントに出てくる絵本のお話の設問を読み、頭のなかでその内容を常に思い描くことは、読解力を高める練習になります。

5-2 BⅡくらいまではじっくりと読む

現在の公文の国語の教材は童謡や漢字などの8Aから始まり、7A、6A……と進み、2Aの次から小学校レベルのA、B、C……と進み、高校生の終了レベルはOです。小1レベルのAからはⅠとⅡに分かれていて、Ⅰが終わったらⅡに進みます。

BⅡくらいまでは教材と本をじっくりと読んで、「字を読むのが楽しい」という感覚を身につけることが大切です。その感覚が、読解力を高めていきます。小3レベルのC、小4レベルのDになると、抽象的な概念なども出てきて難しくなってきますから、BⅡくらいまでは、とにかくプリントを楽しんでほしいですね。

5−3 カタカナもしっかりと書かせる

ひらがなは2Aまででマスターします。子どもがひらがなを覚えたら、安心するのか気を抜いて、カタカナをちゃんとやらせないお母さんが多いように思いますが、公文の教材は、AIでカタカナもしっかりと書かせます。2Aまではとにかく楽しくできるように、前述したような工夫を凝らして、AIからの学習につなげてください。

5−4 できるだけ実物を見せる

2Aに入ると、イラストがカラーではなくなります。イラストにお母さんが色を塗ってあげると、プリントがいきいきとしてきて、引き続き、楽しくプリントに取り組むことができることもありました。

イラストの実物があれば、それを見せてあげるといいですね。AⅡの最初の教材に、「右手でナイフ、左手でフォークをもつのよ」という文があって、ナイフとフォークをもった男の子のイラストがありました。私は、キッチンからナイフとフォークをもってきて、本物を見せてあげました。**実物や写真などを見せて、文章を実際のものに近づけることが読解力につながります。**

column

自由記述

国語のプリントは、A教材から自由記述がありました。「あなたが（主人公の）〇〇だったら、どうしますか」みたいな問いが多かったように思います。自由記述だと、子どもたちそれぞれの個性や性格が出ますから、解答を見るのは面白かったです。

まだ幼かった娘は、「あなたはどこであそびますか？」という質問に対して、「みやもろり」と書いていました。「みやもろりって何？」と思ったら、娘がよく遊んでいた「宮《みや》の森《もり》公園」のことだったのです。公園を省いて、娘には「みやのもりに遊びに行こうか」などと言っていたのですが、娘の耳には「みやもろり」と聞こえていたんですね。「みやもろり」という言葉があまりにもおかしくて、かわいかったので、そのプリントは今もとってあります。

息子たちは絵本を読んでもらうだけでしたが、娘は書くことが好きだったようで、絵本を書いたことがあります。その絵本の題名は「リスとほくろうとうさぎ」でした。みんなで読みながら「ほくろう、って何?」ということになって娘に聞いてみるとなんと「ふくろう」のことでした。娘が「ふくろう」のことを「ほくろう」と思っていたのが判明。そして、なかをなんど読んでも「リス」が出てこないのです。題名に書いているのに、なかに登場しないなんて面白すぎます。息子たちから「リスが出てこないよ!」と突っ込まれていました。子どもが書くものって、そういうところがあって、本当にかわいいですよね。その絵本も大切にとってあります。

6 公文の算数の学習

6-1 算数にも読解力が必要

読解力というと国語のイメージだと思いますが、算数も計算をもとにした読解力が必要です。文章題を解くときだけではなく、数字を使って相手に語りかける記述力と構成力にも読解力が必要です。

算数の文章題を解くときなどに、数量の関係を線分図で表しますが、国語の文章題を解くときのように、大事なものを抜き出して線分図に落とし込むことが重要なときがあります。

このように国語と算数はリンクしていますから、分けて考えず、国語と算数の両方のプリントをやったほうがいいですね。

時間的、経済的な理由で2教科は難しいときには、算数を勧めています。公文の算数のプリントをコツコツと続けていると、計算力が必ずつくからです。中学入試、高校入試、大学入試と、すべての入試には時間制限がありますから、速く計算できるほうが絶対に有利です。ぜひ、算数のプリントで計算力を鍛えてあげてほしいですね。

6－2 算数の教材をやるときのコツ

現在の公文式[*4]算数・数学教材は、10までの数を数える6Aから始まり、高校生の終了レベルはQです。2Aで足し算の基礎を身につけ、Aでやや難しくなった足し算と引き算を学びます。公文の算数を続けていると、確実に計算力が身につき、計算するのが速くなります。子どものペースに合わせて、徐々にレベルアップできるのがすごくいいので、ぜひ、算数の教材を学習してほしいです。

6Aから数を数えたり、数字を読んだり、なぞり書きをしたり、書いたりして、3

Aの途中から「足す1」「足す2」「足す3」が出てきます。子どもって、足し算が嫌いなんですよね。「足す3」くらいまではいいのですが、「足す4」から「足す8」をやっているときには、苦痛になってくる子どももいます。

足し算は最初の大きな山です。3Aの途中から2A、Aの途中まで足し算が延々と続き、足し算で1年ぐらいかかることもあります。6Aから始めたお子さんが、足し算の途中で挫折して、やめてしまうことがあります。でも、それはもったいない。いずれ小学校で鍛えられるのですから、やっておいて損はありません。

一桁の足し算は基本であり、実は高3の数学までつながっています。一桁の足し算を瞬時にできるようになると、その後の計算が速くできるようになるし、解答の方針を立てやすくなります。一桁の足し算を教えられない親はいませんから、**お子さんが足し算を続けられる工夫をしてほしいと思います。**

6-3 式と答えを読んであげる

足し算をやっていて、子どもの手が止まっているときには、お母さんが手伝ってあげるのもありです。たとえば「3＋5＝」をやるときに、「3足す5は？」と聞いたり、答えの「8」だけを言ったりするのではなく、**「3足す5は8」まで続けて言ってください。そうすると、子どもは耳でも覚えますので、十分効果があると思います。**

6-4 答えを色鉛筆で

足し算のプリントには色がなかったので、答えを色鉛筆でカラフルに書かせたこともありました。とにかく、我が家では「楽しく」やれるよう、工夫しました。

6-5 お楽しみの運筆練習をはさんで学習する

公文では、幼児は、国語や算数の教材の決まった枚数を、それぞれまとめて学習します。ただ、幼児は延々と足し算のプリントをやるのはちょっと苦痛に感じるときもあるため、楽しくプリントをできるよう、子どもたちが大好きな運筆の練習を途中にはさむのもよいと思います。市販されているくもんの幼児ドリルには、鉛筆の練習の、道たどりや簡単なめいろあそびなどがありますので、そうしたものをやることは、子どもたちのいい気分転換になります。

足し算ばかりを続けてさせるのではなく、楽しい運筆練習のドリルなどをはさむやり方はオススメです。お母さんがお子さんの様子をよく見ていて、「疲れているな」とか「飽きてきたみたい」と感じたら、気分転換をはさみながら、上手に進めてくださいさい。足し算を3枚やったら1枚などの配分は、お子さんの様子を見ながら、いろいろと試してみましょう。

6-6 なかなか覚えられない足し算は、部屋中に貼った

長男は、「8＋7＝」が苦手でした。これ以外の足し算は、まったく手が止まらずにスラスラと正しい答えを書けるのですが、「8＋7＝」だけが一瞬、手が止まるのです。後でいろいろ聞いてみると、「8＋7＝15」、「6＋7＝13」が苦手な子どもは多いそうです。なんだかわかるような数字の組み合わせですよね。

一瞬、手が止まるだけでちゃんと答えを書けているのだから、「ま、いいか」とも

思いましたが、「一桁の足し算は基本。この後、だんだん桁数が多くなって難しくなるのだから、今止まらずに書けるようにしないといけない」と考え直して、A4のコピー用紙30枚に「8＋7＝15」を大きく書きました。そのとき、黒一色ではなく、赤、緑、青など、紙ごとに色を変えてみました。1枚につき数式はひとつで、色は1色です。

30枚を全部壁に貼っても面白くないので、このうち7枚は机やコタツが置いてあるリビングの天井に、椅子に乗って命がけで貼りました（笑）。でも、子どもって、天井に貼ってある紙に意外と気づかないんですよね。「あ〜。疲れた〜」と横になったときに、ようやく「あっ。こんなところにも貼ってある！」と気づいて驚いていました（笑）。トイレのなかや玄関を入ってすぐの鏡にも「8＋7＝15」を貼りました。

ウケ狙いで、冷蔵庫にも貼りました。といっても外側ではなく、内側です。ジュースが隠れるように「8＋7＝15」をテープで貼り、それをめくらなければジュースがとれないようにしました。冷凍庫のアイスの上にも「8＋7＝15」を置いておきました。アイスを食べようと思って冷凍庫の引き出しを開けた子どもが、「ママ〜。『8たす7は15』がキンキンに冷えてる〜」と騒いでいました。

エアコンの吹き出し口にも1枚貼りました。エアコンのスイッチを入れたら風で紙がバタバタするので、子どもたちは「ママ〜。『8たす7は15』がバタバタしている〜」と大笑い。子どもって、「紙が」ではなく、「8たす7は15」ってフルネームで呼ぶんですよね。それがおかしかったです。

長男のために貼ったのですが、いたるところに貼っているので、年子の次男も覚えてしまい、長男に「いい加減、『8たす7は15』を覚えてよ」と言っていました。長男は、「もう覚えたのに、ママがしつこいんだよ」と言い返していましたね。実際、私は3カ月間もしつこく貼っていました（笑）。

これでもかというくらいの枚数と期間、「なんとしても覚えさせるぞ！」という気概が必要ですね。**30枚も貼ると、「暗記」ではなく、「見慣れる」ということ**です。親が「覚えなさい」と言っても、苦手なことを覚えるのは大変だし、覚えても使わないと忘れます。だから、しつこいくらいに見慣れさせることが大事なのです。

中学受験のときには、なんども間違える理科や社会の問題、大学受験ではセンター試験の世界史のなかなか覚えられないところを同じように紙に書いて、壁に貼りました。

お子さんが苦手でよく間違う足し算の問題は、紙に大きく書いて、ぜひ、家中にたくさん貼ってください。このとき、何種類も貼りたがるお母さんがいますが、欲張ってはダメです。とりあえず1種類だけをとことん貼ることがコツです。なんども見ているうちに必ず覚えますよ。それを覚えたら、次の問題を紙に書きましょう。「見慣れる」ために、何十枚も書いて貼る時間と手間を惜しまないでくださいね。

7

きょうだいでやっているときには、進度をきちんと見る

公文の教材の進み方は子どもによって違います。同じ量を1年で終わらせる子どももいれば、2年かかる子どももいます。進度がわかりやすいのが公文のいいところなのですが、よそのお子さんの進度が気になり、つい比べてしまうこともあります。

でも、**進度が遅くても気にせず、親は落ち着いていることが大切です。**自分の学年とあまり乖離しないことは必要ですが、少し遅れているくらいなら焦らずに、お子さんのペースで学習を積み上げていくことです。遅れているからといって、無理矢理たくさんのプリントをやらせていると、子どもはプリントが嫌になってきます。お子さんが楽しくやれる枚数がベストの枚数なのです。

小学校に入るときに基礎学力がついていて自己肯定感をもたせるために、幼児教育

をしているのに、親が進度を気にしてイライラしたり、怒ったりすると、子どもは劣等感をもってしまい、本末転倒です。

幼い頃には、器用な子どものほうが早く進みますが、早く進むからといって能力が高いとは限りません。**教材を楽しいと感じ、長く続けられる子どもが結局、最後に伸びていきます**から、18歳になったときにどうなっているかわかりません。

きょうだいで通わせると、進度の違いが気になりますね。双子やきょうだいの場合には、それぞれの進度を見て、工夫してほしいです。双子で進度が大きく違ってしまうと、進みが遅い子どもは劣等感をもちます。また、年子で、下の子どもが兄や姉の進度に追いついたり、抜いたりすると、上の子どもは劣等感をもってしまいます。

やはり、幼いときにそのような差を感じさせるのは成長の妨げになりますから、親の細心の注意が必要です。

8 働きかけいろいろ

8-1 当時発売されていたカードをすべて購入

「くもんのカード」には、「うた（童謡）カード」の他に、足し算、ひらがな、カタカナ、漢字、俳句、百人一首、恐竜、世界の国旗などのカードがあり、現在は78のカードが揃っています（268・269ページ参照）。

当時発売されていたカードは、すべて購入しました。経験値が低い子どもたちに、「文字やこの世界のご紹介」という感じで絵を見せて、親子で楽しんでいました。

勉強と思ってやらせたわけではありません。「覚えなさい」と言ったり、「勉強」だ

と思ってさせたりしていると、子どもは楽しくなくなります。「親子で楽しむ」のがポイントです。

幼児教育の導入の小道具として、カードは優れていると思います。

どのカードも大きさが同じです。このサイズは、お母さんの顔の大きさだそうです。全種類のカードが同じ大きさなので、使い勝手がよかったですね。子どもは同じ大きさで馴染みがあるものが好きなので、子どもの安心感にもつながったと思います。

また、写真ではなく、ほのぼのとしたタッチの温かみのある絵であることや、字体も気に入っています。絵は奇をてらった刺激的なものではないため、安心感があるし、今見てもまったく古く感じません。

カードの角は、あぶなくないように丸くなっていて、ほどよい薄さと硬さで手触りがよかったので、本当に使いやすかったですね。子どもが実際にカードをさわって、五感を大事にしてほしいと思います。

我が家の子どもたちは、「このカードは大切なもの」ということがわかっていたようで、落書きをすることもなく、大事に扱っていました。

現在のカードは、我が家の子どもたちが使っていたときと、大きさも絵も文字も同じです。今までに変更する案が出たこともあるそうですが、カードが好評なので変更していないそうです。昔と変わらないカードを手にしたとき、懐かしさと安心感がありました。

カードで遊んだ子どもが大人になって、我が子にもカードをさせようと思ったとき、自分がカードで遊んだ頃を懐かしく思い出し、子どもにそのことを話してあげるといいと思います。親が遊んだ同じカードで子どもも遊ぶのは素敵なことであり、「変わらないことの大切さ」を感じます。

8-2 俳句、ひらがな、足し算のカードは、カレンダーに記録

我が家では、それぞれのカードがまざらないように、百円ショップでプラスチックのケースをたくさん買って分けて入れておきました。ケースを、子どもが手にとりやすい場所に置いておくことが大切です。とりあえず置いておくだけで、子どもが見たいと思ったときにいつでも見ることができます。

毎日、細長いカレンダーに俳句カード、ひらがなカードも記録しました。このふたつは、絵本と童謡のような「3歳までに1万」という目標を立てていなかったため、累計などはせずその日に使った枚数の数字を記入したり、やった日に○をつけたりした程度です。「俳句」は「五七五」と短いため、私がちょっと疲れているときでも簡単に読めましたね。

この他、国旗カードやカタカナカード、漢字カードもよく使いました。国旗カードは、表面に国旗のきれいなイラスト、裏面に国名、首都、国旗のいわれなどの解説が書かれていました。

カードを使うときに大切なのは、勉強と思ってやらないことです。勉強だと思うと、どうしても親は「やりなさい」「覚えなさい」と言ってしまいがちです。でも、子どもは暗記となると苦痛でしかありません。そのように強要されると、子どもは嫌になってしまいます。

やはり子どもは、勉強となると「面倒くさい。嫌だ」と思いますが、「面白い」と感じると自分から喜んでやります。

だから、やることの「ハードルをいかになくすかが勝負」であり、**ゲーム感覚で楽しくやることがコツ**です。小学校で習ったときに、「楽しく遊んでいたけど、あれは勉強だったんだ……」。おかげで、習う前に覚えちゃった」となるのが理想です。実際、子どもたちはカードでなんども楽しく遊んでいるうちに、いつの間にかいろいろと覚えていました。

幼児期に絵本の読み聞かせに加えて、うたカードを見ながら童謡を歌ってあげたり、俳句カードを読んであげたりすると、**言葉を覚えるだけではなく、情緒的なことを感じ取る素地ができます。**情緒的なことは教えるのが結構難しいので、ぜひ、カードを親子のコミュニケーションツールにして、一緒に楽しみながら、情緒的なことも身につけてほしいと思います。

後々、**行間を読むことができるようになり、想像力や表現力、読解力につながっていくと思います。**

8-3　俳句カードはすぐに読めてオススメ

有名な俳句を春夏秋冬で4つに分けた『俳句カード』は、「五七五」ですぐに読めてラクですから、子どもたちが0歳のときから読んであげました。俳句は、一番短い文学ですから、教養として、子どもたちに知っておいてほしいという思いはありましたね。たまに難しい漢字も出てきますが、ルビがついていたのでよかったです。私自身が子どもと一緒に有名な俳句を楽しんでいました。

カードの絵も、私が子どもたちに読んであげていたときと変わっていません。今あらためてカードを手にすると、子どもたちに俳句カードを読んであげていた頃のことを懐かしく思い出します。癒やされる雰囲気の絵は、いつの時代も愛されるんですね。

今思えば、「五七五」で詠まれた世界が絵になっているため、子どもたちも頭のなかで「五七五」の2Dの言葉を3Dの風景や動作に立ち上げやすかったと思います。『俳句カード』はすぐに読める、短い絵本といった感じでした。

幼い頃から俳句を繰り返し読んであげると、なんとなく聞き慣れ、カードの絵も見慣れるんですよね。ごく自然に俳句が記憶に残り、最初の「五」を読みあげると、その後の七五を一緒に言うこともありました。勉強のカードというよりは、ゲーム感覚で楽しんでいたように思います。

「将来の勉強のため」と思っていたわけではなく、親子で俳句カードを楽しんでいたら、結果として子どもの勉強に役に立ちました。というのも、灘中は国語の試験が2日間あり、俳句の問題が出るからです。中学受験塾に通うと、国語のテストになんども俳句が出てきました。子どもたちは「ママが読んでくれた俳句がテストに出た」と大喜びでした。そのなかのひとつが村上鬼城の「親よりも白き羊や今朝の秋」。私はこの俳人を知らなかったので調べましたが、その俳句がテストに出たと聞いたときには、ビックリしましたね。

さすがに灘中は、超有名な俳句が出ることはほぼありませんでしたが、幼い頃から俳句の世界に浸っていたため、知らない俳句が出ても解きやすかったと思います。

小学校や塾で俳句を勉強するときには、ほとんどの場合、文字だけで絵がないため、俳句の光景をイメージできない子どもも少なくないと思います。でも、我が家の子どもたちは幼い頃から俳句カードの絵を見ていたため、すぐにその絵が浮かんだようです。

8-4 カードを生活に取り入れる

(a) ホンモノと結びつける

カードに書かれている言葉を、現実のものと結びつけることを心がけました。そのほうが記憶に残りやすいからです。

基本的には、カードはプラスチックケースにしまっていましたが、『漢字カード』の「冷蔵庫」、「卵」、「桃」などは冷蔵庫の扉に、「鏡」は玄関を入ってすぐの鏡に、『ぶんカード』の「歯をみがく」は洗面所に、といった感じで、家のなかにホンモノがあるところには関連したカードを貼りました。文字のほうを表にしてテープで貼っていましたから、子どもは「これ、何かな?」と自分でめくって絵を確かめていました。**カードが家のいたるところに貼られていると、子どもの知的好奇心を刺激します。**

料理をつくるときには、『くだものやさいカード』の野菜を冷蔵庫に貼ったり、子どもに見せたりしました。料理すると野菜の原形がわからなくなりますから、カレーをつくるときには、ジャガイモ、ニンジン、タマネギの絵を見せました。

このように、カードに書かれている文字や言葉を、いかにホンモノに結びつけるかが大切です。リアルな世界に結びつけると、記憶に残りやすくなります。

どのカードにするかは、その日の気分で決めました。俳句には季語があるため、季節に合った俳句をなるべく読むようにしました。たとえば、セミが鳴く夏には松尾芭蕉の「閑さや岩にしみ入る蝉の声」。俳句の世界と現実の世界がリンクすると記憶に残りやすいし、子どもにウケますね。

(b)

最初は10分から始める

カードのいいところは、一枚一枚がバラバラで手にとりやすいことです。といっても、子育て中はなんだかんだと忙しいですから、「毎日10分カードをやりましょう」と思っても、新しいことを今までの生活に取り入れるのはメチャクチャ大変です。

そこで**オススメしたいのが、「時間を決めて始める」こと**です。たとえば、毎晩8時から10分間と決めます。一度時間を設定したら、その開始時刻を必ず守るようにします。毎日決まった時間に始めていると、2～3週間続けた頃には苦痛ではなくなり、習慣になります。子どももその時間を楽しみにするようになります。

0分から10分にするのは大変ですが、10分できるようになったら15分に延ばすのは簡単です。子どもも成長するにつれて、「もっともっと」と言うようになります。だからといって、急に30分と欲張らないことです。忙しい毎日のなかでカードに30分使うと、疲れてしまって長続きしなくなります。ずっと続けるためには、**毎日時間を決めて10分か15分ぐらいやるのがコツ**です。

(c)ひたすら楽しくやる。無理に覚えさせない

幼児教育では、幼児の目の前で1秒以内のスピードでカードを切り替えて記憶

させる「フラッシュカード」というやり方がありますが、私はそのような使い方はしませんでした。試すようなことや強要することはしたくなかったからです。なんだか目も疲れるような気がしたのもあります。絵が本当に素晴らしかったので、親子で「かわいいね」「きれいだね」などと言いながら、その絵をじっくりと堪能していました。

幼児期は、「ひたすら楽しくやる」ことが何よりも大切なのです。「教えよう」「覚えさせよう」とすると、子どもが嫌がって長続きしません。お母さん自身も、「努力しなくては」と思うと、楽しくなくなります。**「毎日カードを楽しんでいたら、自然と覚えちゃった」となるように、親子で楽しんでください。**

漢字カードでは、気になるところは印をつけたりしました。たとえば「耳」という漢字は、一番下の横線は縦の線を突き抜けますから、そこのところに赤マジックで○をつけました。小学生がよく間違えるからです。「小学生はここを間違えるんだよね」と、まだ3～4歳ぐらいの我が子に言いました。漢字はきちんと書くというのは親の趣味なんですけどね（笑）。漢字の「とめ、はね、はらい」などは、幼い頃から意識してほしいと思いました。

8-5 九九は歌いながら楽しく覚える

長女が3歳になるまでは、我が家の車のなかではいつも童謡が流れていました。4歳の長男と3歳の次男が公文の教室に通っていたある日の帰り、童謡のかわりに、九九のカセットテープを流したところ、長男と次男に大受け。ふたりはノリノリで大合唱。40分ほどの車中でずっと九九の歌を歌い続け、自宅に着いたときには完璧に覚えていてビックリしました。ノリのいいメロディーと呪文のような九九が楽しかったんでしょうね。

もちろん、まだ幼いから意味はまったくわかっていません。でも、私は意味がわからなくてもいいと思いました。意味は小学校で習いますので大丈夫。九九は小学校で必ず習いますが、なかなか覚えられないことがあります。だから早めに覚えてしまうと小学校で覚える必要はありません。**九九は、まずは歌って覚える、そして意味は後付け、**でいきましょう。

三男も長女も、同じ歌で九九を覚えました。九九の歌は様々なものが発売されています。お子さんの好みはそれぞれ違うでしょうから、一番反応する歌をかけてあげるといいですね。

8－6　お風呂を文化的な空間に

子どもが小さいときには、一緒にお風呂に入りますよね。3歳ぐらいまではお風呂でシャボン玉をすることが多かったので、子どもたちにとって、お風呂場は大好きな遊び場です。そのお風呂場の壁に、お風呂用の日本地図やひらがなの表を貼っていました。水でぬらすだけで、簡単に貼れるし防水ですから便利です。これは、くもんの『おふろでレッスン』というポスターのシリーズでした。他にも「カタカナ」「一年生のかんじ」「二年生のかん字」「すうじ」「たしざん」「九九」「ＡＢＣ」の表や「せかいちず」などがあります（271ページ参照）。

これらの**表や地図を勉強ととらえて無理に覚えさせると、子どもにとってお風呂が楽しい場所ではなくなりますので、親子で楽しく会話しながら自然と覚えられるといいですね。**

我が家では、お風呂に入ったら日本地図を見ながら「私たちが住んでいる奈良県はここ。周りに海がないね」「おじいちゃん、おばあちゃんたちが住んでいる大分県はここ。海があるね」「一番大きいのが北海道」などと、都道府県を指で差しながら教えました。子どもたちは日本地図を見るのが楽しかったようで、2〜3歳頃には、「ここは◯◯県」と覚えた県を指差していました。

毎日入るお風呂で日本地図に親しんでいたので、自然と都道府県の場所と名前を覚え、小学校で都道府県について勉強するときに苦労しませんでした。

お母さんと一緒にお風呂に入るのが大好きな幼児期に、お風呂の壁にぜひ表や地図を貼って、楽しみながら文字や数字、地図などに親しんでください。

8-7 ジグソーパズルで手先が器用になり、集中力アップ

公文では、幼児に、ジグソーパズルで、楽しみながら集中力をつけることも勧めています。私自身ジグソーパズルが好きだったので、面白そうだと感じ、長男が1歳6カ月だった頃から、子どもたちにジグソーパズルをさせました。

長男に『くもんのジグソーパズル』（270ページ参照）をやらせてみると、夢中になってやっていました。最初はふたつのピースをはめるだけで簡単です。だんだんとステップアップして、ピースの数が増えていくのですが、同じピース数でも数種類のパズルがありました。最後の1ピースをプチッとはめた瞬間の「できた！」という達成感がすごくうれしかったのでしょうね。パズルが完成したら、長男は新しいものにチャレンジしたがるので、結局、全部買い揃えました。

楽しくステップアップして、ついに2歳のうちに100ピースのパズルを完成させたのです。100ピースのパズルが海や山、野原、大空などの自然だと、同じ色のピースが多くて難しかったと思うのですが、電車やバスなどの乗り物だったので、少しずつ乗り物が完成していくのが本当に楽しかったようです。

手先が器用な長男は、一度完成させたものでも、乗り物のパズルなど気に入ったものはなんどでもやっていました。繰り返すうちに完成までにかかる時間が短くなりました。弟や妹たちも、長男と同じようにステップアップしながら、ジグソーパズルを楽しんでいましたが、4人のきょうだいのなかでは、長男が一番ジグソーパズルに熱中していました。

私は、子どもたちが遊び終わった後すぐに片付けをしませんでした。遊んだときの余韻を味わってほしかったからです。遊んだすぐ横でお母さんがバタバタと片付けるのはなんだか無粋な感じがしたのです。でも、ジグソーパズルだけは別で、完成したらすぐにジッパーつきの袋にしまいました。ピースがなくなったり、他のジグソーパズルのピースとまざったりすると困るからです。

現在、「くもんのジグソーパズル」シリーズは、『STEP0はじめてのパズルはめ絵』から、2ピース、4ピースをはめるものと、だんだんピース数が増えて、204ピースと234ピースのパズルがセットになった『STEP7くらべてみよう！　世界の電車・列車』まであります。主に動物や乗り物のパズルです。

ジグソーパズルは物事を根気強く続ける能力と集中力がつきます。これらの能力は勉強するときに役立つだけではなく、社会人としても必要な能力だと思います。また、「完成させた」という小さな成功体験を積み重ねることは、子どもの自信にもつながります。さらに、指でピースを掴んで遊ぶので、指先も器用になりますから、本当にオススメですね。

8-8　磁石すうじ盤は戦略も必要。夏のコンテストで優勝

我が家の子どもたちが通っていた公文式教室では、夏休みの終わりのイベントとして、磁石すうじ盤コンテストをやっていました。

『磁石すうじ盤』(271ページ参照)には、30と100の2種類があります。順番に数字が並んだ盤に、同じ数字のコマを置くと、磁石で盤にコマがくっつきます。我が家では、1歳半から2歳ぐらいで30を、3歳くらいから100をやっていました。1～2歳の子どもがコマを口に入れるとあぶないので、子どもだけでさせることはなく、すうじ盤をするときには、必ず私がそばにいました。遊び終わったら、コマがなくならないよう、巾着袋に入れて収納しました。教室に通っている間は、ずっと磁石すうじ盤を楽しんでいましたね。

数字がまだよくわからない子どもでも、盤を見て同じ数字を置くだけなので楽しく、数字に親しめるのがいいですね。**磁石すうじ盤をやると、数字を見分ける識別力が高まり、数字の並びが身につくといわれています。**また、速くコマを置く練習をす

ることによって、手先が器用になります。

普段は時間を計らずに楽しんでいましたが、夏休みになると、そのコンテストに備えて4人で毎日練習し、ストップウォッチで時間を計りました。練習を続けると、だんだんタイムが短くなってくるので、子どもたちもやる気が出て、本当に楽しんでいました。時間を短くするためには、やはり親が時間を計ってあげるなど、サポートしてあげることが大切です。

コマを速く置くためには、戦略が必要です。数字の並びを瞬時に識別するのは当たり前。次は、コマを送り出す左手がいかに早く動くかが大事なので、コマの送り出しの練習を徹底的にやりました。そして、右手で忍者の手裏剣のようにすばやく置いていくのです。右利きなら、コマは左手のところにまとめて置いておくほうが時間のロスをなくせます。子どもによって、やりやすい高さは違いますので、その高さに積み上げておくなど、お母さんが準備してあげることも大事ですね。

コンテストはスピード勝負です。同じ学年で一番速く全部置き終えた人が優勝で、賞品などをもらえました。4人とも優勝していたので、教室の先生には、「毎年、佐藤さんのお子さんたちが優勝さらっていくよね」と言われていました（笑）。

我が家の子どもたちが通っていた教室のようにコンテストがない場合には、お母さんがタイムを計ってあげるといいでしょう。「さっきより○秒速くなったよ」と褒めてあげると、お子さんはうれしいし、やる気が出ます。

私は、子どもにすうじ盤をさせながら、「アスリートに似てるな」と思いました。タイムを少しでも縮めるために、アスリートは戦略を立て、練習します。すうじ盤も同じで、より速くできるようにするためには、戦略と練習が大切です。子どもたちもそれぞれに姿勢や持ち方などを試して、タイムを縮める工夫をしていました。タイムは数字ではっきりとわかりますから、縮まると「おー」と歓声を上げて、喜んでいました。

時間を縮めることは勉強も同じで、限られた時間内に問題を解くためには、時間を意識し、少しでも速く問題が解けるよう、日頃の勉強や工夫が重要となります。ただ数字を並べるのではなく、すうじ盤を通じて、親子ともにいろいろなことを学んだように思います。

8-9 習い事は、勉強系、芸術系、スポーツ系から ひとつずつがオススメ

ほぼ毎日のように習い事をさせているご家庭もありますが、それは親の自己満足ではありませんか。連日習い事に出かけていると、子どもは疲れきってしまいます。「今日は何も習い事がない」という日も必要です。

私は、**幼児期の習い事は勉強系、芸術系、スポーツ系からひとつずつ選んでやる**といいと思います。我が家では、勉強系は1歳頃から公文、芸術系は3歳頃からバイオリン、スポーツ系は4歳頃からスイミングを始めました。長女はそれに加えて、小学校に入学したときに同級生の女の子の多くが習っていたピアノを「習いたい」と言ったので、小1からピアノも習わせました。

子どもが楽しく習い事をすることが大切ですから、嫌がっているのに無理にさせることは避けましょう。ただ、最初は嫌でも続けているうちに好きになることもありますから、一度始めたら、半年ぐらいはやらせて様子を見てほしいですね。

三男は、最初はプールに入るのを嫌がって、ずっとプールサイドで大声で泣いてい

ました。それでも私は、「そのうち入るだろう」と思い、とりあえず見守ることにしました。すると、3カ月ほどたったある日突然、自分からポチャンとプールへ入ったのです。一度プールに入ったら何事もなかったように、楽しくレッスンを受けていました。結局全員が、ターンつきで四種目メドレーが泳げるようになりました。

我が家では、きょうだいが同じ習い事をしていましたので、どの習い事も全員で楽しく通っていました。特に公文の教室は車で30分ぐらいかかりましたので、おにぎり、お茶などを用意して、ちょっとしたドライブでした。子どもたちは公文が好きだったので、車中もワイワイ楽しそうでしたね。

8-10 遊び

(a) 遊びの邪魔をしないことが、後の集中力につながる

我が家ではリビングにテレビを置いていません。長男が生まれる前には私たち夫婦で普通にテレビを見る生活でしたが、長男が生まれるのをいい機会に、テレビはリビングから2階に移すことにしました。

テレビは、つけるのは簡単ですが、消すのは非常に難しいものです。だから、ずっとつけっぱなしとなり、子どもたちはいつもテレビの前に座るという毎日になります。テレビ番組というのは面白いし、見るだけなのでラクなのです。私は、子どもたちには絵本や童謡に浸らせたかったので、そのためにはテレビは邪魔になると思いました。人間はどうしても易きに流れますから、テレビの前でおとなしくしている子どもは、実は家事に忙しい母親には都合がいいのです。そうなると、時間を見つけて絵本を読もうという気持ちがもてなくなるのが人間のさがですね。私もそうなりそうだったので、前もってテレビは2階にあげたということです。はじめは、ニュースを見たいなと思ったことはあります。しかし、2階にわざわざ行くのも面倒だし、ニュースは新聞で十分だとわかりました。

子どもたちも、娯楽といえば絵本やおもちゃや、もう少し大きくなるとオセロ、将棋、トランプ、ボードゲームなどで大騒ぎで遊んでいました。中学受験がすんだらテレビは2階で見てもいいよ、としていましたが、ダラダラと見る習慣がありませんから、オリンピックやワールドカップなどの見たいものだけ見てすぐに下りてきていました。

最近は、**スマホの動画を子どもに見せるスマホ育児をしているお母さんも増えているようですが、やはりそれはやめたほうがいいと思います。**画面を見ると目の健康も心配ですし、受動的な情報だけでは子どもの考える能力は育ちません。テレビ育児、スマホ育児は、お母さんにとって非常にラクなのですが、子どもにとっては失うものが多いのではないかと思います。

我が家では、透明のフタをとった大型の衣装ケース4箱に積み木やロボットなどのおもちゃを山盛りで入れていました。和室の壁際に並べて置いていましたが、子どもたちは遊びたくなると、そのケースのところに行って使いたいおもちゃを選んでケースから取り出すのかと思いきや、なんとまず、ケースの縁をもち上げて「えいっ！」とばかりにひっくり返すのです。しかも、4つのケース全部を！　このようなことは大人は決してできませんから、この光景は爽快といえます。4つのケースに山盛りのおもちゃというのはものすごい量なのです。8畳の和室がおもちゃの海になりました。そして、それぞれの子どもたちがその真ん中に座り込んで遊び始めるのです。

私は、隣の部屋から見ていましたが、本当に壮観でしたよ。でも、おもちゃの真ん中に座って真剣に遊んでいる様子は天使のようで、何も言わずに、みんながシーンとして手元だけを見つめてずっと遊んでいる姿は幸せそうでした。自分の空想の世界のなかに入り込んでいるのでしょうね。このようなことができるのは子どもの特権だと思います。子どもの様子を見ながら、大人でも芸術家と呼ばれる方々は、こんな感じで絵を描いたり彫刻を彫ったりしているのかも、と想像しました。私は、そのようなことができる子どもが本当に羨ましかったです。

だから、遊んでいる子どもには決して声はかけませんでしたし、隣の部屋で大きな音を立てないように気をつけていました。しばらく遊んでいた子どもたちは、飽きるとそのおもちゃの海と化している部屋から思い思いに出てきて、私のいる部屋で違う遊びを始めます。私は、全員がいなくなった部屋に行き、ケースのなかにおもちゃをどんどん片付けるというのがいつものことでした。

子どもに「こんなに散らかして！　自分が出したものは片付けなさいよ」というような言葉は一度も言いませんでした。せっかくあんなに楽しかったのに、お母さんの「片付けなさい」という言葉で夢から醒めたようになるのは避けたかったからです。それに、子どもの小さな手で片付けるより大人が片付けたほうがはるかに簡単で早いですから。私は片付け専用の小型のチリトリでおもちゃをさっとすくってはケースに入れていたので、あっという間に部屋は元通りになりました。

私がこのようなお話をすると驚かれます。しかし、むしろ、私は「子どもには遊んだら必ず片付けさせないといけない」と考えている保護者の多いことに驚きです。理由を聞いてみると、「子どもが片付けるのは当然だ」「親が片付けると、大人になったときに片付けられない人間になるのが心配」ということが大半です。どのように片付けさせるのかを尋ねてみると、子どもが遊んでいるときに横から「終わったら片付けなさいよ」と言っておく、「片付けないと捨てるよ」「片付けないとダメじゃない！」などと怒るということがかなり多いのです。

要するに、遊びに集中している子どもに、すんだら「片付けろ」というわけです。そうすると、子どもは、「どうせ片付けなければならないのなら、後が面倒にならないようにおもちゃはできるだけ出さないようにしておこう」と、思ってしまいます。せっかく楽しく遊んでいるのに、お母さんから言われた途端に遊びが面白くなくなりますよね。子どもが夢中になって遊んでいる最中に、親の都合で「ご飯だから片付けなさい」とか「遊んだ後は片付けなさい」と言うと、子どもの集中力や思考力はぶつぶつ途切れてしまうし、楽しさも半減してしまいます。

小学生の子どもをもつお母さんが、我が子の集中力がないと嘆くことは少なくありませんが、お子さんが幼い頃に、お母さん自身が我が子の集中力を途切れさせていたことが原因だということもあるのではないでしょうか。**親は、子どもが勉強に集中するのは喜びますが、その集中力は小さな子どもの頃の遊びで養われるのです。**おもちゃで遊んでいる子どもの集中力を自分の都合で途切れさせておいて、勉強では集中しなさいというのは虫のいい話なのです。

子どもによって集中してやるものは違いますが、集中してやっているときには、集中させてください。そうすると、子どもの集中力と思考力は果てしなく伸びていきます。集中力というのは、ある程度見守って育てる必要がありますから、「片付け」ということで途切れさせないでほしいと思います。

「集中して遊ぶ」ことは、後々「集中して勉強する」ことにつながります。

(b)

トランプをはじめ、様々な遊びを楽しむ

我が家では、時間があるときには将棋、碁、トランプ、UNO、オセロ、人生ゲーム、ジェンガ、工作、折り紙などいろいろな遊びをやりました。私を加えると4〜5人になるので、やはり人数が多いと何をやっても盛り上がります。家族旅行に行くときには必ずトランプとUNOをもって行き、主人も加わり、みんなで楽しく遊んでいました。

将棋は、将棋好きの主人が子どもたちに教えました。ひとつひとつの駒に矢印で進み方が書いてあるくもんの将棋盤も面白そうなので購入しました。現在このくもんの将棋盤は、「スキルアップブック」がついた『NEWスタディ将棋』（270ページ参照）になっているようです。

トランプは、神経衰弱、ババ抜き、七並べなどをよくやりました。まだ1歳半ぐらいだった娘も、数字はわかるから一緒に遊んでいました。4人の子どもと私で5人ですから、神経衰弱をするときには同じトランプを2セット使いました。神経衰弱は、楽しみながら記憶力を鍛えることができます。子どもたちは時々、私が1枚引いたら小声で、同じ数字の場所をこっそりと教えてくれました。

神経衰弱のときに、紙のようなものでこっそりパタパタと風をつくってトランプを浮かそうとしたり、ババ抜きのときにポーカーフェイスができず「ババをもっています」というような表情になったり、トイレに行くときにわざわざみんなの周りをぐるーっと回って後ろからカードを見ようとしたり……といろいろな作戦をみんながして、大笑いでした。

工作もよくやっていました。私は、やりたくなったときにすぐにできるように、工作の材料はいろいろ揃えていました。工作は、作り方をよく読まないとできませんので読解力に関係があると思います。

column

一心不乱に輪ゴムでスパゲッティをつくった長男と次男

長男が3歳、次男が2歳、三男が生後6カ月くらいのときに、長男と次男のふたりが、リビング横の和室で一言もしゃべらずに何かをやっていました。私はリビングにいて私のほうからはふたりの背中しか見えません。おとなしく何かをやっているのではじめは遠くから見るだけだったのですが、あまりにも静かでふたりとも黙々と頭を寄せ合って何かをやっているので気になってそっと見に行きました。そもそも、子どもがすごく静かなときは、ろくなことをしていないというのが私の経験です。覗き込んでみたら、輪ゴムの箱を前にして次々と輪ゴムを出して、一心不乱にはさみで輪ゴムをひとつずつプチプチと切っていたのです。

私は、不思議なことをやっているなあと思ったので「何やってるの？」と尋ねると、「スパゲッティつくってるの」というふたりの説明。私は「ほ〜」と言ったきりでふたりをそのままに、隣の部屋に戻りました。あらためて考えてみると、輪ゴムを切るとスパゲッティに見えるという子どもの発想には感心しました。しかも、まとめて切るのではなく、ひとつずつ切るという気長な作業をずっとやっている姿はなんだかおかしくもあり、子どもってすごいなあと感心しました。忘れられないふたりの思い出です。

切ってしまった輪ゴムはもう使えませんが、子どもはへんなことに集中するんだと微笑ましく思い、笑っちゃいました（笑）。

あるときは、リビング横の和室で遊んでいる長男と次男が、また無言でシーンとしていました。何をしているのかと思ったら、傷テープのはくり紙をはがして、畳に傷テープを貼って、線路をつくっていたのです。あのときもおかしかったですね。せっかく子どもたちがつくった線路を壊したくなくて、しばらくそのままにしていました。

それがはがれたら、今度は、戦隊もののキャラクターがプリントされた傷テープが欲しいというのです。普通の無地のテープよりも割高でしたが、こんなことが楽しいのも今だけだろうなと思い、たくさん買ってきました。内心では「少しもったいないかな」とも思いましたが、子どもたちに「もったいないでしょ」とは言わないことに。

うれしそうにその傷テープで線路をつくり、キャラ入りのテープの線路がどんどん延びていく様子を見るのは楽しかったです。子どもたちが集中して夢の世界で遊ぶのが見られて、買ってあげて本当によかったと思いました。

子どもは日々成長していますから、大きくなったら頼んでも輪ゴムを黙々と切ったり、傷テープで線路をつくったりはしません。危険なことでなければ、できるだけ子どもの希望に沿ってあげましょう。子どもが楽しんでいること、夢中でやっていることを否定しないことが大切です。

＊1　公文式国語教材　8A教材から0教材まで、ひらがなの読み書きから高校・大学レベルの教材で構成されている。少しずつステップアップしていく教材で、「文字を読み書きする力」「語彙の力」「文の構造を整理する力」を培い、高度な読解力へとつなげる。0教材の後に大学教養課程相当の研究コース（P〜R教材）が用意されている。

＊2　くもんのこどもえんぴつ6B　手が小さく筆圧の弱い幼児の使いやすさを考えてつくられた、もちやすい三角形で短い6Bの濃さの鉛筆。

＊3　公文式ズンズン教材　ZⅠ教材からZⅢ教材まで、ぐじゃぐじゃ書きから、すうじ・ひらがな・アルファベットの自力書きをする準備としての線を引く練習で構成されている。運筆力・集中力・作業力を養う。

＊4　公文式算数・数学教材　6A教材からQ教材まで、数を数える練習から高校数学を越えるレベルの教材で構成されている。「計算力」に絞り込み、速く正確に問題を解ける力を身につけ、高校数学を自学自習できる力を養う。Q教材の後に大学教養課程相当の研究コース（R〜V教材）が用意されている。

第 5 章

読解力
我が家の実践

小学生

1

「学校の授業は簡単」とは言わせない

幼児期から公文を始めていると、小学校入学時にはひらがなの読み書き、一桁の足し算ができるお子さんがほとんどだと思います。

我が家の子どもたちも、前もって公文のプリントでひらがななどには習熟していたので、小学校に入学したときに授業でひらがなを先生が丁寧に教えてくれるのに驚いていました。「ひらがなって小学校で習うんだね」と言っているのを聞いて、早めにやっておいてよかったと思いました。学校の授業では、集団授業で違うアプローチでいろいろやりますので、子どもたちも余裕をもってまた楽しめたようです。

幼児教育をしておくと、このように小学校に入ったときに勉強で困ることはないし、「わかる！　できる！」ということで、自己肯定感をもつことができます。

このときに気をつけなければいけないことは、**親が「小学校の勉強は簡単だよね」と言わないこと**です。

私は子どもたちが小学校に入る前には「ちょっと公文でひらがなや足し算を知っているからといってえらそうにするのはおかしいから」と、一応くぎはさしておきました。

小学校に入学したときに、「学校の授業は簡単」とか「授業がつまんない」と言ってしまいがちなお子さんはほんの少し先取りをしているだけの場合が多く、もっと進んでいるお子さんはもっと余裕がありますからそのようなことは言わない傾向にありますね。

2

低学年は、遊ぶことが大事

小学校に入学したら、はじめての小学校での生活が大変ですから、学校の宿題と公文のプリントをいつやるかといった兼ね合いが重要になります。まず、学校の宿題をきちんとさせて、体力と時間に余裕があったら、公文のプリントをさせましょう。

朝、公文のプリントをやらせているご家庭もありましたが、我が家は子どもが4人いて忙しかったので、朝はさせませんでした。時間があって、お子さんが自分で早く起きるのなら朝やらせてもいいと思いますが、寝ているお子さんを無理矢理起こすのはNGです。

我が家は、塾で忙しくなる小5からは放課後に遊ぶことができませんでしたが、それまでは放課後の下校時間まで遊んでいました。

特に小学校1・2年のときは、遊ぶことが大切です。まだ低学年の頃に、遊びよりも勉強を優先させると、子どもは毎日が楽しくないし、疲れてしまいます。できれば低学年のうちは中学受験塾には通わせず、お友だちと遊ばせたほうがいいと思います。低学年から塾に通ったのに、その後の成績が伸び悩んだというケースは少なくありません。

最近は小さな頃からスマホのゲームをやっているお子さんもいるようですが、はまってしまうとなかなかやめられず、「ゲーム依存症」として社会問題にもなっています。スマホ、ゲーム、パソコンなどの扱いは今や多少厳しめに子どもを指導するべきだと思います。

我が家では、5時過ぎに遊びから帰ってきたら、夕食や学校の宿題をすませて、7時頃から公文のプリントをやることが多かったですね。といっても、学校の宿題を優先しますから、毎日、公文のプリントをやっていたわけではありません。

3人の息子たちは小学校入学時点で中1の教材、娘は年長で中3の教材をやっていましたから、精神的に余裕があり、平日には公文のプリントをやらず、土日にまとめてやることもありました。学校行事があった日や疲れている日には、プリントを休ませました。

小学校に入ると、くもんのプリントのやり方は各家庭で考えることが大切です。毎日、ハンコで押したようにやらせると、子どもは楽しくなくなるし、疲れてやる気もそがれてしまいます。せっかく、**プリントの内容がいいのに続けないのはもったいないと思い、我が家ではある時は細々と、ある時はドッとやるような工夫をしました。**

3 実物を見せると、読解力がつく

読解力は2Dの文章を3D映像に立ち上げる力です。読解力を育てるためには絵本の読み聞かせや童謡の歌い聞かせが大切だということ、公文の国語のプリントに出てきたナイフとフォークを実際に見せたこと、公文のカードを関連する場所に貼ったことなどをここまででお話ししました。

読解力を伸ばすためには、文章に書かれたものを実物とリンクさせることが重要なのです。絵本である程度のイメージが湧きますが、絵本に出てくるかわいいくまさんやライオンさんは、実際はそうではありませんから、動物の本当の姿を見せようと思い、車で約1時間で行ける大阪市の天王寺動物園によく行きました。

平城京があった奈良には、社会の教科書に写真が出てくる社寺や遺跡がたくさんあります。いろいろな社寺に行き、桜やもみじなど四季折々の美しさを肌で感じることができます。明日香村の古墳群など史跡にも出かけ、石舞台古墳なども見せました。4人のなかには、小さな子どももいますから全員が覚えているかどうかはわかりませんが、とりあえずいろいろなものを子どもたちに見せてあげたいと思ったのです。

近所に**散歩に行くときには、必ず植物図鑑を持参**しました。子どもたちに「この花は何？」と聞かれて私がわからないときには、子どもとその植物を図鑑で調べました。子どもたちは、自分がとってきた花が図鑑に載っている写真と同じだったら大喜びなのです。「これだ！」と図鑑の世界がリアルな世界へとつながる瞬間です。「小さな雑草のような植物にもきちんとした名前がある」ということも教えたいと思いました。温室がある植物園にも家族でよく行きました。植物園には珍しい植物がたくさんありますからオススメです。

長男が星座盤を小学校で買ったときには、弟と妹にも同じ星座盤を買いました。4人全員が星座盤を手にして夜空を眺めました。星座の本やプラネタリウムもいいのですが、やはりホンモノにはかなわないと思います。寒い冬に家の外に出るのはちょっと面倒だったりしますが、オリオン座をはじめとした冬の大三角形はとてもきれいで、感動します。

また、長男が理科でスズムシを習ったときには、スズムシを先生からいただいて飼ってみました。リーン、リーンととてもきれいな声で鳴いていましたが、思った以上に大きな声で、玄関に置いていると寝られないので庭に放しました。5匹だったのに大きな鐘が耳元で鳴っているようでそれはそれはすごかったです。子どもたちも驚いて、庭にいる虫の音は風情があっていいのに、家のなかにいるとすごいねと言っていました。本物の迫力は、経験してみないとわからないですね。

なんといっても、**子どもは経験値が低いので、できるだけ実物を見せてあげましょう。**童謡のところでお話ししたカラスウリのように、自分が知っている言葉の実物を見ると、大きな感動が生まれるし、記憶にも残ります。実体験を積むことによって、文章を読んだときに映像化しやすくなるのです。

ただ、**子どもが経験できることは限られているので、実体験とともに、絵本や本で経験値を上げていくことも大切**です。言葉の意味、人間の感情などがわからないと、文章の字面や表面的なことだけを読むことになるからです。**活字と実体験の両方で、文章を映像化する訓練を積み重ねていくことが読解力につながります。**

4 とっつきやすい学習漫画もオススメ

長男が小学生になる頃に日本史の学習漫画、その後、世界史の学習漫画を全巻揃えました。小学校高学年になって歴史を学ぶときに、暗記ものだと思うのではなく、血の通った人間のドラマとしてとらえてほしかったからです。

本を読むのが苦手なお子さんも、漫画なら気軽に楽しく読めます。勉強だと机に向かわなくてはなりませんが、漫画は寝ころがっても読めるので、とりかかるハードルがかなり低くなります。文字ばかりでイラストが少ししか入っていない本よりも、漫画のほうが小学生にはとっつきやすいし、記憶に残りやすいです。もちろん、文章を映像化する読解力も鍛えられます。

学習漫画は歴史の他に、古典、伝記、生物など様々なジャンルがあります。活字を読むのがあまり好きではないお子さんの場合には、学習漫画をオススメします。**どの教科も漫画から入っていくと、理解しやすい**です。

小学生の頃から学習漫画に親しんでいると、学校のテストや中学受験、高校受験、大学受験にも役立ちます。

我が家では、中学の歴史の定期テストの前に、テスト範囲を漫画でざっとおさらいしてから勉強していました。歴史は全体の流れを掴むと頭に入りやすいからです。事件の背景や人々の気持ちなどがわかると、教科書や参考書を読んでいても、その様子が頭のなかで映像化され、イメージしやすかったと思います。

息子の灘の同級生に、常に日本史で満点かほぼ満点をとる友だちがいました。息子が得意な理由を尋ねると、「幼い頃から日本史の学習漫画が好きで、繰り返し読んでいるうちに自然に覚えた」とのことでした。「覚えようとして読むのではなく、自然に覚えちゃった！」となるのが理想ですね。最初は漫画を楽しみ、そのうちに欄外に小さな字で書かれた詳しい説明までしっかりと読んで、日本史に詳しくなったそうです。

5

中学受験塾に通うまで、公文をずっと続けた

小学校の低学年の間は遊びを大切にしていたので、3兄弟が中学受験塾・進学教室浜学園[*1]に通い始めたのは小3の2月。ですが、長女は小1の2月から通わせました。娘が小学校に入学したときに三男が浜学園に通っていたこと、娘は年長のときに中3の教材をやっていて、公文のプリントの進度が早かったことなどから、兄たちよりも早めに塾に通わせました。

大学受験塾に通い始めたのも、長男は高1から、次男と三男は中3からでしたが、長女は中1から。体力がある男の子のラストスパートのたくましさを経験していたので、娘は早め早めに通わせたほうがいいと思ったのです。

塾に通う前に公文、スイミング、バイオリンを習っていましたが、塾に通うと忙し

くなるため、公文とバイオリンはやめました。

スイミングだけは、始めたときの目標が、「バタフライ→背泳ぎ→平泳ぎ→自由形」の個人メドレーができることだったため、達成するまで続けさせました。全員が小4のときに達成。目標を達成したら、スイミングはやめました。

中学受験を考えているなら、塾に通うまで、公文で国語の文章、算数の計算に慣れておくと、入塾してからすごくラクです。公文は学年や年齢に関係なく先に進めますから、公文で学んだことを浜学園でもう一度やることもありました。

我が家の子どもたちは、1歳頃から公文に通っていたおかげで、全員、年齢よりも先の勉強に進んでいました。塾に入る前に、全員が中3の教材をやり終えていましたから塾への移行はスムーズでしたね。

子どもが楽しくやっているのなら、公文などの幼児教室に早くから通うのがオススメです。受験のための塾に入ってからの勉強もそれほど苦労しません。

長男が灘中に入学したら、同級生の多くが乳幼児期から公文を始めていました。やはり、ライバルたちが早期の幼児教育を受けているのですから、難関中学に合格しようと思ったら、早めの幼児教育が必須だと思います。

6

点数に一喜一憂せず、同じ態度で接する

お子さんの小学校のテストの点数や、中学受験塾のテストの点数、模試の判定などに一喜一憂するお母さんは少なくありません。お子さんが幼児のときには、何かができるようになったときには大げさに褒めてあげるといいのですが、**小学校に入学してからは、テストの点数がよくてもあまり褒めすぎないほうがいい**です。

それは、悪い点数をとったときにとる態度に困るからです。悪い点数のときには褒めませんよね。そうなると、「いい点だと褒めてもらえるけど、悪い点だと褒めてくれない、怒られる」と思い、子どもは悪い点数だと落ち込んでしまうでしょう。また、怒られたくなくて、テストを隠すかもしれません。

それで私は、**テストが終わるとまず、「お疲れさま」と言い、点数がいいときには**

「よかったね」、悪いときには「苦手なところがわかってよかったね」と声をかけました。このため、子どもたちはテストの結果がよくても悪くても気楽に私に見せていたと思います。

お母さんは、テストの点数や模試の判定などに一喜一憂しないことが大切です。どんなときも感情的にならず、何事にも動じない態度でお子さんと接してほしいですね。たとえ、お母さんがかなり落ち込む点数や判定だったとしても、お子さんにその様子を見せないようにしましょう。お母さんが落ち込んでいる様子を見ると、子どもはさらに落ち込んでしまいます。

テストの点数によって、親の態度を変えないよう気をつけてください。たとえるならば、**大学に合格するまで、いつも同じ強さで子どもの手を握り続けてほしい**のです。点数がいいときにはギュッと握り、悪いときには子どもの手を離すのでは、子どもは親の顔色をうかがうようになるし、テストの点数が悪いときには不安になります。

子どもは親の態度に敏感ですから、いつも変わらないテンションでお子さんに寄り添ってください。

7

国語が苦手な子どもには、教科書やテストの問題を読んであげる

国語の問題も小5や小6になると内容がかなり難しくなってきます。中学入試まで1年を切った小6のとき、国語のテストの点数がなかなかとれない子どももいました。それで、幼い頃の絵本の読み聞かせのように、**私が国語の教科書やテストの問題を読むことにしました。**私が登場人物の気持ちになって読めば、少しでも心情を理解しやすいかと思ったからです。長男は国語が得意でしたので自分でやっていましたが、下の3人は私が読んであげることが多かったです。

登場人物になりきって、声色を変えて読んだり、主人公が悲しいときには悲しい声で読んだりもしました。子どもは目で文字を追うだけより、耳から声も入ってくると、その場面や心情を理解しやすかったようです。

「子どもは国語が苦手で……」と嘆いているお母さんは、教科書やテストの問題を読んであげてみてはいかがでしょうか。

小学校低学年ならば、絵本を読む感覚で教科書やテストの問題も読んであげましょう。使われているのは物語の一部分だけですから、出典を見てその本をお母さんが読んで結末を子どもに教えてあげると盛り上がります。

大学入試の東大の英語の過去問の見直しのときに時間がかかりすぎるのを防ぐために、思いついたのが、「同時通訳勉強法」です。見直しのときに子どもは英語の長文を目で追いながら、私は子どもが理解できる速さで日本語訳を読むのです。まるで、同時通訳のように、英文を読む子どもの耳には日本語訳が聞こえてきますから、理解しやすくなります。

私が横で日本語訳を読んであげると、わからない単語も「そういう意味だったのか」とかよくわからなかった文章の意味がすぐにわかります。このやり方は、効率よく英文を読み進めるのに最適なのです。今まで通り、子どもだけで本文を読んで日本語訳と突き合わせながら、理解できなかった場所を探しながらやり直すというのは非常に時間と手間がかかるわりには効果が期待できないこともあります。

お母さんは日本語訳を読むだけですから、英語が苦手でも大丈夫です。最初は、お子さんが黙読するスピードに合わせるのは難しいかもしれませんが、「もう少し速く読んで」とか、「もっとゆっくり」などと言ってもらいましょう。だんだんとタイミングを掴めるようになります。

この「同時通訳勉強法」は古文、漢文にも応用できます。

8

記述式問題に強くなるための方法

私は幼稚園の頃、歩いて登園して帰りも友だちと道草をしながら帰っていました。今から考えるとずいぶんとのんびりした時代だったのですね。幼稚園から帰ると母に、朝起きてから幼稚園に行き、家に帰るまでの出来事を全部話すことが日課でした。母は家事をしながら、「ふーん」「へえー。それでどうしたの」などと上手に相槌を打ってくれたので、毎日、延々と気持ちよくおしゃべりしていました。母が家事で場所を移動すると私もついていき、毎日2〜3時間ぐらいしゃべり続けていました。母は実に面白そうにずっと聞いてくれていました。

私が小1のときのことですが、運動会のリレーについて作文を書くことになりました。同級生が書いた枚数は400字詰め原稿用紙で2〜3枚でしたが、私は日頃母に話す感じで、「○○ちゃんはバトンを渡すときに、こんな渡し方をしました。××ちゃんはバトンをこうもって……」などと詳しく書いていたら、なんと14枚ぐらいの長い作文になったのです。その作文は先生から褒められ、意外にも学校で賞をいただき、本当にうれしかったですね。

私の母は今思い出すとかなりの聞き上手だったのだと思います。聞き上手の母には子どもは喜んで何時間でも話すのですね。**誰かに話すためには、周りで起きる出来事や先生、友だちのことを観察するようになるし、伝えるための言葉も考えます。これらのことが観察力、表現力、読解力、文章力の向上へとつながっていきます。**

よく「うちの子は記述問題が苦手です。どうしたらいいでしょうか」と相談されます。**まずは、お母さんが聞き上手になり、お子さんの話に上手に相槌を打ちながら話を聞くことを心がけるといい**のではないでしょうか。

聞き上手になるためには、まず、どんな話も否定せずに、いったん笑って受け止めてあげることです。子どもは否定されると、話したい気持ちが一瞬のうちにしぼんでしまいます。だから、間違っていることを言ったときも、いきなり「それは違うよ」などとは言わず、「それは面白いね」などと認めてあげた後で、「でもね……」と、間違えているところを優しく教えてあげましょう。

時々、大げさに褒めたり、驚いたり、大笑いしたりと、オーバーアクションをするのもコツです。お母さんから反応があると、子どもはうれしくなって、どんどん話します。**子どもが気持ちよく話せるよう、演技もあり**です。

少し難しい記述問題は、お母さんが前もって解答に目を通して一応理解しておき、その内容を子どもにインタビュー形式で質問してみてください。主人公の花子さんの行動や心情についての問いならば、「花子さんはどこへ行ったの？」「それはいつのことなの？」「そこで何をしたの？」「どんな感じでしたの？」「なぜ、そんなことをしたのかな？」といった感じで、５Ｗ１Ｈを意識して、質問してください。

質問するときに気をつけてほしいのが、「こういうことをしたから、花子さんはすごいと思うよね」「花子さんがそんなことをしたのは、～だからだよね」などといった、誘導尋問をしないことです。答えを押しつける質問をしていると、子どもは自分の頭で考えなくなります。子どもが自由に自分の意見を言えるように質問することが大切です。

子どもが解答に必要なポイントをすべて口にしたら、「今話したことを文章にしてみたら」と言って、書かせてください。お子さんが書き終わったら、「よく書けたね」とまずは褒め、その後、解答を参考にして、「ここをこう書くと、もっとよくなるよ」と教えてあげましょう。

この**インタビュー形式での質問を繰り返すうちに、文章を少しずつ書けるようになってきます**。その後は、書くことの優先度を考えて字数内にまとめる練習をするといいですね。

9 新聞の上手な活用法

私は子どもの頃から新聞が大好きで楽しく毎日読んでいたのですが、子育てのときには新聞を読む時間すらない状態でした。それでも、毎日15分くらいは読んでいたので、読んで面白い内容は子どもたちに話すことにしていました。

子どもは経験値が低いですから、現実に世の中で起こっていることを新聞の記事から伝えると、子どもの知識の裾野が広がります。 記事に出ていると、子どもは本当にあったことだとわかって内容を身近に感じるのです。「子どもには難しいかな」と思う言葉が出てきたら、その言葉の意味をわかりやすく教えてあげましょう。

投書欄の読者の意見と、それに対する私の考えを伝えることもありました。子どもの投書もありますから、いろいろな意見を知る貴重な機会になりました。

小学校中学年以上になると、ある程度新聞を読むことができますから、毎日15分、新聞から面白い記事を見つけて読ませるといいでしょう。特に、「本を全然読まないから、うちの子は読解力がありません」と嘆いているお母さんには、ぜひこの方法をオススメしたいです。本を1冊読みきるのにはかなり時間がかかります。それに対して新聞はひとつの記事がそんなに長くないので、すぐに読めます。**毎日15分記事を読めば、４日間で1時間活字を読んだことになりますよ。**

読書が嫌いなお子さんに「本を読むように」と言っても、苦痛なだけです。新聞には様々な分野の記事がありますから、まずはお子さんの興味のある記事を読ませましょう。スポーツが好きなお子さんならスポーツの記事、音楽が好きなお子さんなら音楽の記事と、興味がある記事なら、読むのがそれほど苦痛ではないはずです。

毎日活字を読むことは、文章を映像化するトレーニングになります。意外とオススメなのが料理のレシピです。レシピをお子さんに読ませて、一緒に料理をつくってみましょう。２Ｄの文章の通りにつくっていると、３Ｄの美味しい料理ができあがります。計量カップで１００ccや10ｇなどの分量を量ると、数量のイメージも掴みやすくなります。勉強だと思ってやると面白くないものも、親子で楽しく料理をつくっていると、自然と身につけることができます。

我が家では、新聞記事が勉強にも役立ちました。子どもたちはそれまで見たことがない四字熟語を覚えるときに、「こんなの覚えても、役に立つのかな」と言っていました。だから、スポーツ欄の記事に「臥薪嘗胆」、「先手必勝」などの四字熟語が出ていたら、赤の水性マジックで○をつけて見せました。「新聞に出てる！」と、子どもたちは驚いていましたね。**学校の教科書や塾のテキストに出ている四字熟語だと、子どもたちは「勉強」だと思いますが、新聞に出ていると「実際に使われている言葉」だということがわかります。**

2020年9月の自民党総裁選で、菅《すが》義偉さんが首相になりました。長女が小6のときには、同じ漢字の菅《かん》直人さんが首相でした。「菅」は草カンムリなのに、間違えて竹カンムリで「管」と覚えてしまっていたお子さんもいましたが、長女は新聞の一面に大きな字で「菅」と出ているのを見ていたため、間違えませんでした。教科書やテキストだけではなかなか身近に感じられないので、政治のことは新聞にかぎります。

新聞は受験にも役立ちますが、「覚えなさい」と新聞を強制的に読ませるのではなく、活字に親しみ、ニュースを親子で楽しむことが大切です。小学校中学年以上だと、親子で時事問題や投書について、お互いの意見を言ってみるのもいいかもしれませんね。子どもが自分の頭で考え、自分の意見を述べる訓練になります。

子どもは親を見て育ちますので、子どもが幼い頃から親が新聞や本を読んでいる姿を見せることが大切です。物心ついたときから見ていると、子どもの新聞や本に対する心理的なハードルが低くなります。

子どもに「本を読みなさい」と言っているのに、家に本が全然なくて、親がまったく本を読まないのではダメです。子どもにさせたいと思うことは、子どもが幼い頃から、親がやっている姿を見せましょう。

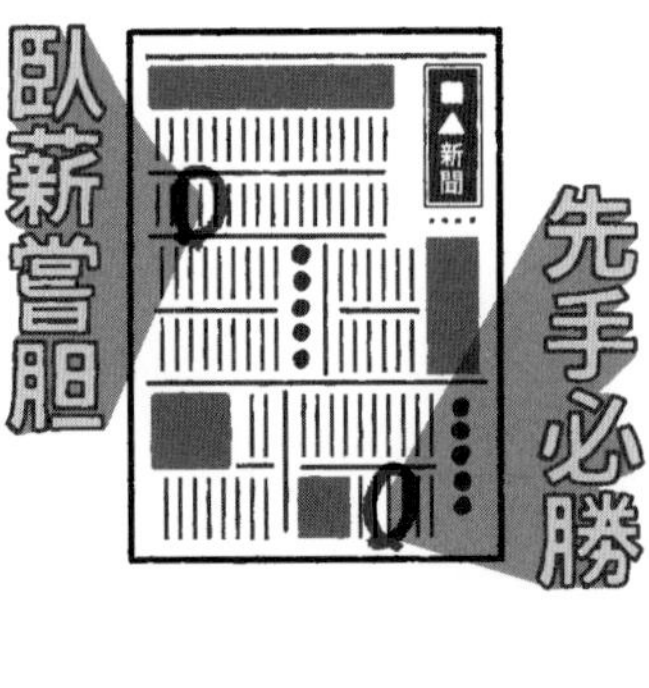

10

中学受験をしないなら、高校、大学受験に備えて公文

中学受験をしないのなら、公文の教材をずっと続けてほしいと思います。公文には大学教養課程相当の研究コースまでありますが、大学受験に備えて高3レベルを目標にしましょう。

大学受験では、公立の生徒は、授業の進度が速い中高一貫校の生徒と戦わなくてはなりません。対等に戦うために、公文の教材はオススメです。

我が家では、4人とも中学受験塾に通っている時期はお休みしましたが、長男は灘中に入学後、また公文の数学のプリントを始めました。再開なので中1からのスタート。でも、一度中3の教材までやっていたため、中1と中2の教材を終えるのに4日間ぐらいしかかかりませんでした。その後、高1の教材に入り、高3レベルまで終え

ました。

その後は、研究コースに進めるのですが、サッカー部が忙しかったので、長男は高3レベルで終了しましたが、灘の同級生のなかには高校時代もずっと公文の数学を続けて、研究コースを終えた人もいます。

公文で勉強を続けるのもよい方法だと思います。最初に学力診断テストを受けて、わかっていないところがあれば、そこまで戻って勉強することができます。

学力診断テストの結果、小学校の勉強まで戻る生徒さんもいらっしゃるそうです。「わからないところまで戻る」というのは勉強の基本です。わからないままの状態にしていると、学校の勉強についていけなくなります。公文はできないところまで戻りやすいところがいいと思います。戻ることを恥ずかしがったり、恐れたりせずに、わからないところまで戻りましょう。

11 性格に合わせたサポート方法

それぞれの子どもに合わせた私のサポート方法を具体的にお話ししましょう。

長男は幼い頃から、私が「〇枚プリントをやって」と言うと、その通りに素直にやっていました。「そんなにやりたくない」とか「疲れた」などとは一切言わず、言われたことを黙々とやるので、「与えるものや量などをよく考えてやらせないといけないな」と思いました。中学以降は、自分で計画を立てて勉強していたので、本当に手がかかりませんでしたね。

次男は国語が苦手。小6の国語のテストに向田邦子の『手袋をさがす』[*2]が出たときは、主人公の気持ちがわからず、点数がとれませんでした。私が専業主婦だったからか、次男には主人公である働く女性のイメージが湧かなかったようです。そこで、登場人物ごとに声色を変えて、国語の教科書やテスト問題などを読んであげました。読み続けているうちに、国語のテストの点数がとれるようになりました。私は楽しく読んでいたため、ちょっと寂しい気持ちになりましたが、息子が実際に経験をしていないことも、私の声を通して人生の経験値を高めることができたのはよかったと思います。

三男は算数の計算が兄たちよりも遅かったのですが、のんびり屋なので、本人はそのことをあまり気にしていませんでした。でも私はちょっと心配になり、中学受験塾の先生に相談すると、「15分しか集中力がもたないので、14分たったら声をかけて集中させている」とのことでした。先生から「15分の勉強を3セットで45分、4セットで60分やらせて、集中し直す練習をさせるといい」とアドバイスしていただきました。

集中力強化のために、1教科15分でやれそうな問題を私が準備して、国語、算数、理科、社会と15分ずつ問題を解かせました。キッチンタイマーを15分にセットして、ピピピと鳴ったら、途中でも取り上げて、次の科目に移りました。取り上げられた問題はまたやらなくてはならないので、時間切れで取り上げられないよう、三男は次第に集中して取り組むようになりました。この「15分集中法」での勉強を続けていると、2カ月くらいで入試と同じ時間、集中できるようになって、ほっとしました。

三男が小6のとき、過去問の採点をしていて、「長男、次男よりも筆圧が強い」ことに気がつきました。筆圧が強くて字が太くて濃いと、消しゴムで上手に消せません。うっすらと文字が残って計算ミスを誘発しやすいし、力が入りすぎて時間もかかります。私がそのことを注意しても、筆圧というのは常に意識するのは難しいらしくなかなか直りませんでした。それで、過去問などをかなり多めに解かせると、速く鉛筆を動かさざるを得ず、気がついたらちょうどいい筆圧になっていました。筆圧が適度なものになると驚くことに計算ミスも減りました。

長女は男の子と比べると体力がないため、中学受験塾も大学受験塾も、兄たちよりも早めに通わせました。センター試験の世界史の勉強で、人名や芸術作品などが出てきたときには、一緒にスマホで写真を調べました。実際に映像で見ると記憶に残りやすいんですよね。人名を調べてイケメンだと、「イギリスの詩人、バイロンはイケメンやね」などと、女同士、世界史で結構盛り上がりました。

お子さんの性格を一番わかっているのは、お母さんです。お子さんの性格に合わせたサポートが大切だと思います。

column

炎上騒ぎで感じた家族の絆

2015年の8月に、精神科医の和田秀樹さんとの公開対談があり、そのときの「受験に恋愛は無駄」という言葉がマスコミで取り上げられて、ネットで炎上したことがありました。でも、当時の私はネットをまったく見なかったため、そのことを知りませんでした。

長男と次男は、私のことを心配して、すぐに奈良の自宅に帰ってきました。私は炎上騒ぎのことを知らされても、落ち込むことはなく、間違っていることを言ったとも思いませんでした。息子たちは元気な私の様子を見て安心したようで、1泊したら東京に戻っていきました。三男からは「忙しいから帰れないけど、元気？」と電話がありました。主人と娘も心配してくれて、家族全員の優しさがうれしかったですね。

次男は、長女が「歩く自己肯定感だな」と称するほど、積極的。表に出ることが苦になりません。当時、大学5年生だった次男は、炎上を鎮めるために3人兄弟の誰かが何かを言ったほうがいいと考えたようです。長男と三男は目立ちたくないタイプなので、兄と弟に、「僕が火消しをするから、任せて」と伝えて、Ｆａｃｅｂｏｏｋで「母は子どもが好きでたまらないという人です。つまるところ子ども自慢が行きすぎてしまったようです。子ども自慢は親なら誰しも当たり前でしょうが、自慢は行きすぎると嫌味になりかねません。今回の発言で不快な思いをされた方には大変申し訳なく思います」と発言してくれました。発言することは知らされていなかったため、後で知って驚きました。

次男の気持ちがうれしくて、電話で「ありがとう。ママはずっと専業主婦で世の中に出てまだ2年ほどだから、いわば赤ちゃん状態なんだよね」と言うと、「実際はもうバハアだってことを忘れるなよ」と言われました（笑）。

あの炎上騒ぎを通じて、あらためて家族の絆を感じることができました。子どもたちは「相手の意見も聞かずに、話したことがない人を非難するのはおかしい」と言っていましたので、「誰かを批判する」ことの危険性や愚かさを知ることができたように思います。

＊1　進学教室浜学園　中学受験塾。関西の2府4県（兵庫県、大阪府、京都府、滋賀県、奈良県、和歌山県）、岡山県、愛知県、沖縄県に教室がある。駿台・浜学園の教室は東京都と神奈川県にある。一人ひとりの能力を最大限に伸ばすことを主眼に置いて指導を進め、難関中学への合格実績多数。灘中の合格者数は16年連続日本一。

＊2　『手袋をさがす』著・向田邦子／講談社／『夜中の薔薇』収録

第6章

今後、ますます大事になる読解力

1

AI（人工知能）に負けない豊かな人間性が必要

今後、ＡＩ（人工知能）はますます進化し、人間とＡＩが共存する世の中になります。現在は、人間がＡＩの進歩に驚いて、使いこなしていないところもあるように思います。

これからはＡＩに仕事を奪われる分野があるのは否めませんが、なんといってもＡＩとの共存は必至ですから人間は今まで以上に豊かな人間性を必要とすることになります。つまり人間らしい感情を大切にしなくてはなりません。そのためには、哲学、文学、心理学などの分野もこれからはより一層重要になりその関係の本を読むことも必要になることでしょう。そのなかに書かれていることを理解するためにはやはりより高い読解力が必要です。また、言葉に敏感になり、言葉を選んで大切に使うことも大切になるでしょう。

テレビ番組『半沢直樹』を見ていましたが、「言葉と行動が非常に大事」だということをあらためて感じました。自分が悪いときには悪かったと言葉で相手に伝え、きちんと頭を下げて謝る、丁寧に挨拶をする、自分のしたことにケジメをつけるなどがやはり人間関係には欠かせないものだと思いました。人間として礼儀をわきまえ、目の前の相手ときちんとコミュニケーションがとれる能力が今後はより重要となるのではないでしょうか。

豊かなコミュニケーション能力にはまず豊かな言葉が必要です。相手が話すことを理解し、共感できる能力も読解力です。ＡＩと共存する世界で生きていくために、読解力を鍛え、今一層の豊かな人間性を育てることが必要でしょう。

2

親の考えや臨界点を伝える

子どもは、親をよく見ているし、親が話すこともしっかりと聞いています。子どもは絵本を読んでもらいながら、「ママって、こんなときに大笑いするんだ。このお話では泣いちゃうんだ」などといったことも感じています。

私自身、絵本を読んであげたときや新聞を読んだときなどに、「ママはこう思う」「こういうことは好き」「この行動は嫌い」などと、子どもたちにずっと私の考え方や好みなどを伝えていました。3歳ぐらいのときに話したことも、子どもって意外と覚えているんですよね。このため、子どもたちは「この程度なら許してもらえるけど、こう言えばママは激怒する」といった私の臨界点も知っています。

親子でお互いの気持ちや考えを伝えて、コミュニケーションをとることは大事で

す。しっかりとコミュニケーションをとるためには、言葉を選び、言葉を尽くさなくてはなりません。毎日のそういった会話の積み重ねが読解力につながっていくと思います。

子どもに自分の考えなどを伝えるのだから、日頃から新聞や本を読んで、自分の考えや価値観が古くないか、正しいかどうか精査することを心がけていました。

子どもたちが小中学生の頃に、「ママは本や新聞などから得た情報や今までの経験をもとに、自分が正しいと思ったことをあなたたちに話しているけど、ママの意見が一番正しいとは思っていない。他にもっといい考えもあるかもしれない。だから、20歳になったらママとお父さんの意見をまず批判的に見てみて、一度よく自分で考えてみてね」と、伝えておきました。

人間は自分のことを冷静に振り返って、「自分はなぜこのような考え方をするのだろう？」と思ったときに、その思考過程のルーツは両親にあるということは世間ではよくあるのです。それほど親が子どもに与える影響は大きいということです。だからこそ、子どもたちには20歳になったら、両親の考え方を離れたところから一度批判的に見てほしいと思ったのです。

現在、４人の子どもたち全員が20歳を過ぎていますが、私たちの考えについてなんにも言ってきません。私の意見を批判的に見ていないのか、批判的に思うこともあるけれど、あえて言ってこないのかはわかりません。子どもたちの意見を聞くのを楽しみにしているのですが……。

3 今後、ますます大事になる読解力

２０１７年と２０１８年に行われた大学入学共通テストの「試行調査」の結果からみると、今までのセンター試験で必要とされてきた基礎学力にかなりの読解力がプラスされているのがわかります。国語の問題では、複数の資料を読み取る力も問われています。従来よりも難易度がアップした感じです。新テストは、ますます日本語の意味を深く考え、頭のなかでイメージしながら読む読解力が必要とされています。

新テストでは、読解力が重要視されていますから、文章を読むのが遅い子どもは、時間不足で問題が全部解けないということになりかねません。しかも、今後はどの科目も文章が長い傾向にありますので読解力の勝負だといっても過言ではありません。

「社会や日常生活の出来事を題材にした問題」、「多数の資料を読み解いて解答する問題」、「時事問題に関係したもの」も出題されますからこの3点に注意して準備しなければなりません。

このような「思考力」「判断力」「表現力」などを問う問題を解くためには、読解力がより必要不可欠となってきます。

我が家では、子どもたちが3歳までに、1万冊の絵本を読み、1万曲の童謡を歌いました。つまり、言葉のシャワーをできるだけたくさん子どもたちに浴びせたことになります。また、4人の子どもたちは1歳頃から公文式教室に通ったので、幼い頃から文字や数字に親しむことができました。我が家では、絵本の読み聞かせをする声や、童謡を歌う声が聞こえてくるのが、日常のありふれた光景だったのです。

早め早めに文字に触れ、文章を読むのが苦ではない子どもに育てることが大切です。そのためには、まだ「勉強」ということを意識していない幼い頃に、楽しく遊びながら文字に触れるといいと思います。

我が家では、くもんのカードやジグソーパズルなどの知育玩具もたくさん購入しました。子どもたちは夢中になって楽しく遊んでいました。「我が家の教育の土台は公文式」だったといえますね。

生まれたときから絵本、童謡、公文式の教材、知育玩具などに親しむことによって自然と子どもたちに読解力が身についたと思います。幼児のうちに、楽しみながら読解力の基礎をつくることが、何より大切ということです。

【おわりに】

私の長かった子育ても、娘の大学入学で4年前に終了となりました。今まで、忙しすぎて振り返る暇もありませんでしたが、今回この本を書く機会をいただきいろいろな思い出が湧き出してきました。すべての思い出ごとに公文のことが必ずあるので、親子共々本当に公文にお世話になったと今更ながら感謝の気持ちでいっぱいになりました。子育ては、ややもすると毎日が出たとこ勝負のようなことが続き、こんなことでいいのかと思うこともあります。しかし、いつも公文のプリントや教材を私の子育ての中心の柱としていたので、今振り返ってみるとそれが、今までブレずに子育てをすることができた大きな要因だったのだと思います。

4人の子育てをしながら、どうやら子育ては18年間の期間限定のものだと思うことがよくありました。高校を卒業する18歳くらいから人間は大人になり始め、次第に親と距離をおくようになり、やがてひとりで人生を歩んでいくのです。子育てが終わってあらためて考えると、やはり子育ては18年間の期間限定ということは間違いありませんでした。この本にすべて書きたいと思っていましたが、まだまだ書きたい思い出がたくさん残ってしまいました。それほど、充実した日々だったのだと思います。

私の家の近くに大きな公園があり、植物園が付設されています。子どもたちを車でそこによく連れていきました。乗用のおもちゃ3台、ボール、お弁当、水筒、着替え、タオル、お菓子などたくさんのものを用意して出かけていました。出かけるのも、かなり気合を入れないと大変で、公園に着いたらまたそこで遊ばせるのがものすごく大変。でも、子どもは大喜びなのです。乗用のおもちゃはお気に入りで、車から降ろした途端にガーという音とともに遠くに行ってしまいます。荷物をもって追いかけて走り回っている私に「いいね〜。本当にいいね〜」という声が聞こえてきました。振り返ってみると、植物園から出てこられた80歳くらいの女性が3人、外の椅子に座ってこちらを見ながら口を揃えて「いいね〜」と話しているのでした。私は、「いいことなんか、ありませんよ。ものすごく大変です〜」とお話ししたら、「そんなことはないよ、いいね〜」と言いながら3人で顔を見合わせて頷いておられました。

私にはそれからも、子どもたちの受験が続き子育てはどんどん大変になるのですが、「大変だな〜」と思うたびに、あの公園の3人の女性の「いいね〜」という言葉を思い出しました。今は考えられないほど大変だけど、いつかこの日々も私自ら「いいね〜」と思い出すことになるのだろうなと思ったことがなんどもありました。

子育て中の保護者の方は、本当に大変な日々を送っているかと思いますが、その大変な日々をいつかは「いいね～」と必ず思えるようになることを頭の片隅にでも置いておいてほしいと思います。そうすると、今の大変な自分の状態を少し離れて見ることができます。この自分の生活や人生を「客観的に見る」ということは、大変なときを乗り切るいい方法なのです。

幸せは、なかにいるときには気がつかず、離れてみると実感します。毎日、ご自分の子育てに悩むことも多いかと思いますが、工夫をすれば、どの子も必ず伸ばすことができます。どうぞ、いつも楽しく笑顔で、子育てをし、保護者の方々にとっても今の毎日を懐かしく思い出せる日々にしていただけたらと思います。

そのために、この本が少しでもお役に立つことを願ってやみません。

最後になりましたが、この本のお話をくださったくもん出版の志村直人社長、公文への思いがあふれすぎてなかなか原稿が仕上げられなかった私に優しいメールで励ましてくださった編集者の堤嘉代さん、私のことをいつも理解してくださっているライターの庄村敦子さんには心から感謝申し上げます。

2021年3月

2020年度版 くもんのすいせん図書

5A

1 くもんのうた200えほん　くもん出版
2 どうぶつのおやこ　藪内正幸／福音館書店
3 あかちゃんのほん 第1集（3冊）　まついのりこ／偕成社
4 いないいないばあ　松谷みよ子、瀬川康男・絵／童心社
5 くだもの　平山和子／福音館書店
6 あがりめさがりめ　ましませつこ／こぐま社
7 じどうしゃ　寺島龍一／福音館書店
8 じのないえほん　ブルーナ、いしいももこ・訳／福音館書店
9 じゃあじゃあびりびり　まついのりこ／偕成社
10 バナナです　川端誠／文化出版局
11 かぞえてみよう　安野光雅／講談社
12 おひさまあはは　前川かずお／こぐま社
13 なにいろ？　本信公久／くもん出版
14 のびのびのーん　川上隆子／アリス館
15 もこ もこもこ　たにかわしゅんたろう、もとながさだまさ・絵／文研出版
16 かおかおどんなかお　柳原良平／こぐま社
17 ねこがいっぱい　スカール、やぶきみちこ・訳／福音館書店
18 やさい　平山和子／福音館書店
19 どうなってるの こうなってるの　鈴木まもる／金の星社
20 ぎったんばっこん　なかえよしを、上野紀子・絵／文化出版局
21 こんにちは　わたなべしげお、おおともやすお・絵／福音館書店
22 くっついた　三浦太郎／こぐま社
23 がたんごとんがたんごとん　安西水丸／福音館書店
24 きゅっきゅっきゅっ　林明子／福音館書店
25 みんなうんち　五味太郎／福音館書店
26 くまさんくまさんなにみてるの？　マーチン、カール・絵／偕成社
27 コロちゃんはどこ？　ヒル／評論社
28 おやすみ　なかがわりえこ、やまわきゆりこ・絵／グランまま社
29 いやだいやだの絵本（4冊）　せなけいこ／福音館書店
30 あーんあんの絵本（4冊）　せなけいこ／福音館書店
31 きんぎょがにげた　五味太郎／福音館書店
32 たまごのあかちゃん　かんざわとしこ、やぎゅうげんいちろう・絵／福音館書店
33 ゆうたはともだち　きたやまようこ／あかね書房
34 りんごがドスーン　多田ヒロシ／文研出版
35 どうすればいいのかな？　わたなべしげお、おおともやすお・絵／福音館書店
36 ぞうくんのさんぽ　なかのひろたか、なかのまさたか・レタリング／福音館書店
37 しろくまちゃんのほっとけーき　わかやまけん／こぐま社
38 おやすみなさいコッコさん　片山健／福音館書店
39 このいろなあに　せなけいこ／金の星社
40 うしろにいるのだあれ　accototo（ふくだとしお＋あきこ）／幻冬舎

41 **かにこちゃん**　きしだえりこ、ほりうちせいいち・絵／くもん出版

42 **いろいろたまご**　山岡ひかる／くもん出版

43 **おふろでちゃぷちゃぷ**　松谷みよ子、岩崎ちひろ・絵／童心社

44 **もしもしおでんわ**　松谷みよ子、岩崎ちひろ・絵／童心社

45 **さんぽのしるし**　五味太郎／福音館書店

46 **トイレいけるかな**　わらべきみか／ひさかたチャイルド

47 **のってのって**　くろいけん／あかね書房

48 **こぐまちゃんのうんてんしゅ**　わかやまけん／こぐま社

49 **こいぬのくんくん**　ブルーナ、まつおかきょうこ・訳／福音館書店

50 **プータンいまなんじ？**　わだよしおみ、ならさかともこ・絵／JULA出版局

4 A

1 **ねずみくんのチョッキ**　なかえよしを、上野紀子・絵／ポプラ社

2 **あかいふうせん**　マリ／ほるぷ出版

3 **かさ**　太田大八／文研出版

4 **はるにれ**　姉崎一馬・写真／福音館書店

5 **あいうえおの本**　安野光雅／福音館書店

6 **るるるるる**　五味太郎／偕成社

7 **いいおかお**　松谷みよ子、瀬川康男・絵／童心社

8 **わたしほんがよめるの**　ブルーナ、まつおかきょうこ・訳／福音館書店

9 **でんしゃ**　バートン／金の星社

10 **とりかえっこ**　さとうわきこ、二俣英五郎・絵／ポプラ社

11 **ぶたたぬききつねねこ**　馬場のぼる／こぐま社

12 **ロージーのおさんぽ**　ハッチンス、わたなべしげお・訳／偕成社

13 **どんどこももんちゃん**　とよたかずひこ／童心社

14 **なつのあさ**　谷内こうた／至光社

15 **あくび**　中川ひろたか、飯野和好・絵／文溪堂

16 **1,2,3どうぶつえんへ**　カール／偕成社

17 **わにさんどきっはいしゃさんどきっ**　五味太郎／偕成社

18 **タンタンのぼうし**　いわむらかずお／偕成社

19 **でんぐりでんぐり**　くろいけん／あかね書房

20 **いたずらこねこ**　クック、シャーリップ・絵／福音館書店

21 **いたいいたいはとんでいけ**　松谷みよ子、佐野洋子・絵／偕成社

22 **きょうはみんなでクマがりだ**　ローゼン・再話、オクセンバリー・絵／評論社

23 **はなをくんくん**　クラウス、シーモント・絵／福音館書店

24 **ぼくはあるいたまっすぐまっすぐ**　ブラウン・坪井郁美、林明子・絵／ペンギン社

25 **ぶんぶんぶるるん**　バートン、てじまゆうすけ・訳／ほるぷ出版

26 **ちょっといれて**　さとうわきこ／偕成社

27 **うみだーいすき**　いもとようこ／金の星社

28 **まいごになったぞう**　てらむらてるお、むらかみつとむ・絵／偕成社

29 **あかんベノンタン**　キヨノサチコ／偕成社

30 **さよならさんかく**　わかやまけん／こぐま社

31 **かばくん**　岸田衿子、中谷千代子・絵／福音館書店

32 **おおきいトンとちいさいポン**　いわむらかずお／偕成社

33 **ふしぎなたまご**　ブルーナ、いしいももこ・訳／福音館書店

34 うんちがぽとん　フランケル、さくまゆみこ・訳／アリス館
35 さつまのおいも　中川ひろたか、村上康成・絵／童心社
36 へびくんのおさんぽ　いとうひろし／すずき出版
37 とうさんまいご　五味太郎／偕成社
38 へんしんトンネル　あきやまただし／金の星社
39 でんしゃにのって　とよたかずひこ／アリス館
40 かばくんのふね　岸田衿子、中谷千代子・絵／福音館書店
41 1才からのうさこちゃんの絵本セット1　ブルーナ、いしいももこ・訳／福音館書店
42 おとうさんだいすき　司修／文研出版
43 おんぶおばけ　松谷みよ子、ひらやまえいぞう・絵／童心社
44 ぽとんぽとんはなんのおと　神沢利子、平山英三・絵／福音館書店
45 おでかけのまえに　筒井頼子、林明子・絵／福音館書店
46 あかたろうの1・2・3の3・4・5　きたやまようこ／偕成社
47 おやすみなさいのほん　ブラウン、シャロー・絵／福音館書店
48 おまたせクッキー　ハッチンス、乾侑美子・訳／偕成社
49 くまさんくまさん　なかがわりえこ、やまわきゆりこ・絵／福音館書店
50 とこちゃんはどこ　松岡享子、加古里子・絵／福音館書店

3 A

1 はらぺこあおむし　カール、もりひさし・訳／偕成社
2 バスでおでかけ　間瀬なおかた／ひさかたチャイルド
3 どうぶつはやくちあいうえお　きしだえりこ、かたやまけん・絵／のら書店
4 ちいさなたまねぎさん　せなけいこ／金の星社
5 にんじんさんがあかいわけ　松谷みよ子、ひらやまえいぞう・絵／童心社
6 あおくんときいろちゃん　レオーニ、藤田圭雄・訳／至光社
7 まほうのコップ　長谷川摂子、川島敏生・写真／福音館書店
8 きつねとねずみ　ビアンキ、山田三郎・絵／福音館書店
9 こいぬがうまれるよ　コール、ウェクスラー・写真／福音館書店
10 わたし　谷川俊太郎、長新太・絵／福音館書店
11 わたしのワンピース　にしまきかやこ／こぐま社
12 ぼくとおとうさん　宮本忠夫／くもん出版
13 ぼくとおかあさん　宮本忠夫／くもん出版
14 ぼちぼちいこか　セイラー、グロスマン・絵／偕成社
15 ちびゴリラのちびちび　ボーンスタイン、いわたみみ・訳／ほるぷ出版
16 あいうえおばけだぞ　五味太郎／絵本館
17 ねこざかな　わたなべゆういち／フレーベル館
18 ティッチ　ハッチンス、いしいももこ・訳／福音館書店
19 14ひきのあさごはん　いわむらかずお／童心社
20 14ひきのおつきみ　いわむらかずお／童心社
21 はけたよはけたよ　かんざわとしこ、にしまきかやこ・絵／偕成社
22 まよなかのだいどころ　センダック、じんぐうてるお・訳／冨山房
23 パパ、お月さまとって!　カール、もりひさし・訳／偕成社
24 なにをたべてきたの?　岸田衿子、長野博一・絵／佼成出版社
25 てぶくろ　ラチョフ・絵、うちだりさこ・訳／福音館書店
26 しずかなおはなし　マルシャーク、レーベデフ・絵／福音館書店

27 **おばあさんのすぷーん** 神沢利子、富山妙子・絵／福音館書店
28 **バムとケロのにちようび** 島田ゆか／文溪堂
29 **三びきのやぎのがらがらどん** ブラウン・絵、せたていじ・訳／福音館書店
30 **くじらだ！** 五味太郎／岩崎書店
31 **おばけのバーバパパ** チゾン、テイラー、やましたはるお・訳／偕成社
32 **みずたまり** 殿内真帆／フレーベル館
33 **くれよんのはなし** フリーマン、さいおんじさちこ・訳／ほるぷ出版
34 **ゆきのひ** キーツ、きじまはじめ・訳／偕成社
35 **こんたのおつかい** 田中友佳子／徳間書店
36 **いたずらコヨーテ キュウ** どいかや／BL出版
37 **かみひこうき** 小林実、林明子・絵／福音館書店
38 **もくもくやかん** かがくいひろし／講談社
39 **ひとあしひとあし** レオニ、谷川俊太郎・訳／好学社
40 **トマトさん** 田中清代／福音館書店
41 **しゅっぱつしんこう！** 山本忠敬／福音館書店
42 **ラチとらいおん** ベロニカ、とくながやすもと・訳／福音館書店
43 **なにをかこうかな** レイ、中川健蔵・訳／文化出版局
44 **あ** 大槻あかね／福音館書店
45 **さくら** 長谷川摂子、矢間芳子・絵／福音館書店
46 **ガンピーさんのドライブ** バーニンガム、みつよしなつや・訳／ほるぷ出版
47 **もったいないばあさん** 真珠まりこ／講談社
48 **だるまちゃんとてんぐちゃん** 加古里子／福音館書店
49 **あいうえおうさま** 寺村輝夫、和歌山静子・絵／理論社
50 **ピッツァぼうや** スタイグ、木坂涼・訳／らんか社

2 A

1 **ぐりとぐら** なかがわりえこ、おおむらゆりこ・絵／福音館書店
2 **そらまめくんのベッド** なかやみわ／福音館書店
3 **うえきやのくまさん** ウォージントン、まさきるりこ・訳／福音館書店
4 **くっきーだあいすき** 間所ひさこ、岩村和朗・絵／金の星社
5 **キャベツくん** 長新太／文研出版
6 **かえりみち** あまんきみこ、西巻茅子・絵／童心社
7 **ぽんぽん山の月** あまんきみこ、渡辺洋二・絵／文研出版
8 **ジャイアント・ジャム・サンド** ロード、安西徹雄・訳／アリス館
9 **わたしとあそんで** エッツ、よだじゅんいち・訳／福音館書店
10 **りんごのき** ペチシカ、ズマトリーコバー・絵／福音館書店
11 **3びきのくま** トルストイ、バスネツォフ・絵／福音館書店
12 **たべられるしょくぶつ** 森谷憲、寺島龍一・絵／福音館書店
13 **ゆうちゃんのゆうは？** かんざわとしこ、たばたせいいち・絵／童心社
14 **まっくろネリノ** ガルラー、やがわすみこ・訳／偕成社
15 **ぼくのかえりみち** ひがしちから／BL出版
16 **グリーンマントのピーマンマン** さくらともこ、中村景児・絵／岩崎書店
17 **しっぽのはたらき** 川田健、藪内正幸・絵／福音館書店
18 **すいかのたね** さとうわきこ／福音館書店
19 **じゃむじゃむどんくまさん** 蔵冨千鶴子、柿本幸造・絵／至光社

20 はじめてのおるすばん しみずみちを、山本まつ子・絵／岩崎書店
21 すてきな三にんぐみ アンゲラー、いまえよしとも・訳／偕成社
22 さむがりやのサンタ ブリッグズ、すがはらひろくに・訳／福音館書店
23 おなら 長新太／福音館書店
24 ふたりはふたご 田島征彦・田島征三／くもん出版
25 バルバルさん 乾栄里子、西村敏雄・絵／福音館書店
26 おかしなゆきふしぎなこおり 片平孝／ポプラ社
27 そらいろのたね なかがわりえこ、おおむらゆりこ・絵／福音館書店
28 まあちゃんのながいかみ たかどのほうこ／福音館書店
29 どろんこハリー ジオン、グレアム・絵／福音館書店
30 もりのなか エッツ、まさきるりこ・訳／福音館書店
31 おおきなおおきなおいも 市村久子・原案、赤羽末吉・絵／福音館書店
32 3だいの機関車 オードリー、ダルビー・絵／ポプラ社
33 かいじゅうたちのいるところ センダック、じんぐうてるお・訳／冨山房
34 げんきなマドレーヌ ベーメルマンス、瀬田貞二・訳／福音館書店
35 ぞうのオリバー ホフ、三原泉・訳／偕成社
36 あさえとちいさいいもうと 筒井頼子、林明子・絵／福音館書店
37 かえるをのんだととさん 日野十成・再話、斎藤隆夫・絵／福音館書店
38 おじいちゃんのおじいちゃんのおじいちゃんのおじいちゃん 長谷川義史／BL出版
39 ぐるんぱのようちえん 西内ミナミ、堀内誠一・絵／福音館書店

40 でこちゃん つちだのぶこ／PHP研究所
41 三びきのこぶた 山田三郎・絵、瀬田貞二・訳／福音館書店
42 ふんふんなんだかいいにおい にしまきかやこ／こぐま社
43 ねずみのすもう おざわとしお・再話、ふじもとしろう・絵／くもん出版
44 からすのパンやさん かこさとし／偕成社
45 おふろだいすき 松岡享子、林明子・絵／福音館書店
46 ぼく、だんごむし 得田之久、たかはしきよし・絵／福音館書店
47 くまのコールテンくん フリーマン、まつおかきょうこ・訳／偕成社
48 オオカミクン ソロタレフ、ほりうちもみこ・訳／ポプラ社
49 もりのおべんとうやさん 舟崎靖子、舟崎克彦・絵／偕成社
50 ステラのえほんさがし エルンスト、藤原宏之・訳／童心社

A

1 おおきなかぶ トルストイ・再話、佐藤忠良・画／福音館書店
2 おやつがほーいどっさりほい 梅田俊作・佳子／新日本出版社
3 ピーターのいす キーツ、きじまはじめ・訳／偕成社
4 あんぱんまんとばいきんまん やなせ・たかし／フレーベル館
5 めっきらもっきらどおんどん 長谷川摂子、ふりやなな・画／福音館書店
6 はなのあなのはなし やぎゅうげんいちろう／福音館書店
7 タンゲくん 片山健／福音館書店
8 しろいうさぎとくろいうさぎ ウイリアムズ、まつおかきょうこ・訳／福音館書店

9 **ふしぎなたけのこ** 松野正子、瀬川康男・絵／福音館書店
10 **ぼくにげちゃうよ** ブラウン、ハード・絵／ほるぷ出版
11 **11ぴきのねこ** 馬場のぼる／こぐま社
12 **どうぞのいす** 香山美子、柿本幸造・絵／ひさかたチャイルド
13 **マフィンおばさんのぱんや** 竹林亜紀、河本祥子・絵／福音館書店
14 **ともだちや** 内田麟太郎、降矢なな・絵／偕成社
15 **こんとあき** 林明子／福音館書店
16 **くまさぶろう** もりひさし、ユノセイイチ・絵／こぐま社
17 **おおはくちょうのそら** 手島圭三郎／絵本塾出版
18 **しずくのぼうけん** テルリコフスカ、ブテンコ・絵／福音館書店
19 **おたまじゃくしの101ちゃん** かこさとし／偕成社
20 **みどりいろのたね** たかどのほうこ、太田大八・絵／福音館書店
21 **おじさんのかさ** 佐野洋子／講談社
22 **ずーっとずっとだいすきだよ** ウィルヘルム、久山太市・訳／評論社
23 **こんこんさまにさしあげそうろう** 森はな、梶山俊夫・絵／PHP研究所
24 **まりーちゃんとひつじ** フランソワーズ、与田準一・訳／岩波書店
25 **ひとまねこざる** レイ、光吉夏弥・訳／岩波書店
26 **しょうぼうじどうしゃじぷた** 渡辺茂男、山本忠敬・絵／福音館書店
27 **花いっぱいになあれ** 松谷みよ子、司修・絵／大日本図書
28 **きいろいばけつ** もりやまみやこ、つちだよしはる・絵／あかね書房
29 **おだんごころころ** 大川悦生、伊勢英子・絵／ポプラ社
30 **だってだってのおばあさん** 佐野洋子／フレーベル館
31 **あひるのバーバちゃん** 神沢利子、山脇百合子・絵／偕成社
32 **はなのすきなうし** リーフ、ローソン・絵／岩波書店
33 **おかあさんだいすき** フラック、光吉夏弥・訳／岩波書店
34 **あおい目のこねこ** マチーセン、せたていじ・訳／福音館書店
35 **どんぐりかいぎ** こうやすすむ、片山健・絵／福音館書店
36 **からからからが…** 高田桂子、木曽秀夫・絵／文研出版
37 **かにむかし** 木下順二、清水崑・絵／岩波書店
38 **ももの子たろう** おおかわえっせい、みたげんじろう・絵／ポプラ社
39 **ちからたろう** いまえよしとも、たしませいぞう・絵／ポプラ社
40 **うさぎのみみはなぜながい** 北川民次／福音館書店
41 **カレーライスはこわいぞ** 角野栄子、佐々木洋子・絵／ポプラ社
42 **ちいさいおうち** バートン、いしいももこ・訳／岩波書店
43 **ぞうのババール** ブリュノフ、やがわすみこ・訳／評論社
44 **きかんしゃやえもん** 阿川弘之、岡部冬彦・絵／岩波書店
45 **いたずらきかんしゃちゅうちゅう** バートン、むらおかはなこ・訳／福音館書店
46 **こまったさんのスパゲティ** 寺村輝夫、岡本颯子・絵／あかね書房
47 **そらをとんだけいこのあやとり** やまわきゆりこ／福音館書店
48 **ちいさなもみのき** ブラウン、クーニー・絵／福音館書店
49 **すずめのくつした** セルデン、リップマン・絵／大日本図書
50 **わすれられないおくりもの** バーレイ、小川仁央・訳／評論社

B

1 **さかなにはなぜしたがない** 神沢利子、井上洋介・絵／ポプラ社
2 **にゃーご** 宮西達也／すずき出版
3 **ふたりはいつも** ローベル、三木卓・訳／文化出版局

4 **ろくべえまってろよ**　灰谷健次郎、長新太・絵／文研出版
5 **一さつのおくりもの**　森山京、鴨下潤・絵／講談社
6 **せんたくかあちゃん**　さとうわきこ／福音館書店
7 **スイミー**　レオ二、谷川俊太郎・訳／好学社
8 **びゅんびゅんごまがまわったら**　宮川ひろ、林明子・絵／童心社
9 **オナモミのとげ**　多田多恵子・監修／偕成社
10 **子うさぎましろのお話**　佐々木たづ、三好碩也・絵／ポプラ社
11 **一休さん**　寺村輝夫、ヒサクニヒコ・画／あかね書房
12 **こぎつねコンとこだぬきポン**　松野正子、二俣英五郎・画／童心社
13 **チロヌップのきつね**　たかはしひろゆき／金の星社
14 **おばけのはなし1**　寺村輝夫、ヒサクニヒコ・画／あかね書房
15 **ネコジャラシはらっぱのモグラより**　吉田道子、福田岩緒・絵／くもん出版
16 **おかえし**　村山桂子、織茂恭子・絵／福音館書店
17 **のうさぎにげろ**　伊藤政顕、滝波明生・絵／新日本出版社
18 **アレクサンダとぜんまいねずみ**　レオ二、谷川俊太郎・訳／好学社
19 **ホネホネたんけんたい**　松田素子、大西成明・写真／アリス館
20 **半日村**　斎藤隆介、滝平二郎・絵／岩崎書店
21 **はれときどきぶた**　矢玉四郎／岩崎書店
22 **どうぶつのあしがたずかん**　加藤由子、ヒサクニヒコ・絵／岩崎書店
23 **りんごかもしれない**　ヨシタケシンスケ／ブロンズ新社
24 **番ねずみのヤカちゃん**　ウィルバー、松岡享子・訳／福音館書店
25 **あらしのよるに**　木村裕一、あべ弘士・絵／講談社
26 **ネコのタクシー**　南部和也、さとうあや・絵／福音館書店
27 **100万回生きたねこ**　佐野洋子／講談社

28 **チム・ラビットのぼうけん**　アトリー、石井桃子・訳／童心社
29 **きつねのでんわボックス**　戸田和代、たかすかずみ・絵／金の星社
30 **なんやななちゃんなきべそしゅんちゃん**　灰谷健次郎、坪谷令子・絵／文研出版
31 **おしいれのぼうけん**　ふるたたるひ・たばたせいいち／童心社
32 **ジェインのもうふ**　ミラー、厨川圭子・訳／偕成社
33 **ゆめをにるなべ**　茂市久美子、土田義晴・絵／教育画劇
34 **オコジョのすむ谷**　増田戻樹／あかね書房
35 **ふしぎなかぎばあさん**　手島悠介、岡本颯子・絵／岩崎書店
36 **二ちょうめのおばけやしき**　木暮正夫、渡辺有一・絵／岩崎書店
37 **スーホの白い馬**　大塚勇三・再話、赤羽末吉・画／福音館書店
38 **ゆめくい小人**　エンデ、フックスフーバー・絵／偕成社
39 **おばあさんのひこうき**　佐藤さとる、村上勉・絵／小峰書店
40 **としょかんライオン**　ヌードセン、ホークス・絵／岩崎書店
41 **モチモチの木**　斎藤隆介、滝平二郎・絵／岩崎書店
42 **わたしたちのトビアス**　スベドベリ・編、山内清子・訳／偕成社
43 **1ねん1くみ1ばんワル**　後藤竜二、長谷川知子・絵／ポプラ社
44 **なぞのたから島**　寺村輝夫　永井郁子・絵／あかね書房
45 **ことばのこばこ**　和田誠／瑞雲舎
46 **そして、トンキーもしんだ**　たなべまもる、かじあゆた・絵／国土社
47 **音楽室の日曜日**　村上しいこ、田中六大・絵／講談社
48 **きょうりゅうたち**　パリッシュ、ローベル・絵／文化出版局
49 **さんねん峠**　李錦玉、朴民宜・絵／岩崎書店
50 **かたあしだちょうのエルフ**　おのきがく／ポプラ社

C

1 **おしゃべりなたまごやき** 寺村輝夫、長新太・画／福音館書店
2 **なぞなぞのすきな女の子** 松岡享子、大社玲子・絵／学研教育出版
3 **もしかしたら名探偵** 杉山亮、中川大輔・絵／偕成社
4 **おかあさんの目** あまんきみこ、くろいけん・絵／あかね書房
5 **サーカスのライオン** かわむらたかし、さいとうひろゆき・絵／ポプラ社
6 **王さまと九人のきょうだい** 君島久子・訳、赤羽末吉・絵／岩波書店
7 **やまんばのにしき** まつたにみよこ、せがわやすお・絵／ポプラ社
8 **ロッタちゃんのひっこし** リンドグレーン、山室静・訳／偕成社
9 **ぞくぞく村のミイラのラムさん** 末吉暁子、垂石眞子・絵／あかね書房
10 **トレモスのパン屋** 小倉明、石倉欣二・絵／くもん出版
11 **少年と子だぬき** 佐々木たづ、杉浦範茂・絵／ポプラ社
12 **花さき山** 斎藤隆介、滝平二郎・絵／岩崎書店
13 **つるにょうぼう** 矢川澄子・再話、赤羽末吉・画／福音館書店
14 **てぶくろをかいに** 新美南吉、わかやまけん・絵／ポプラ社
15 **ウエズレーの国** フライシュマン、ホークス・絵／あすなろ書房
16 **ちいちゃんのかげおくり** あまんきみこ、上野紀子・絵／あかね書房
17 **おにたのぼうし** あまんきみこ、いわさきちひろ・絵／ポプラ社
18 **ひろしまのピカ** 丸木俊／小峰書店
19 **ぼくは王さま** 寺村輝夫、和田誠・絵／理論社
20 **ものぐさトミー** デュボア、松岡享子・訳／岩波書店
21 **ちいさいモモちゃん** 松谷みよ子、菊池貞雄・絵／講談社
22 **エパミナンダス** 東京子ども図書館・編／東京子ども図書館
23 **きょうりゅうが学校にやってきた** フォーサイス、熊谷鉱司・訳／金の星社
24 **いやいやえん** 中川李枝子、大村百合子・絵／福音館書店
25 **つるばら村のパン屋さん** 茂市久美子、中村悦子・絵／講談社
26 **世界のむかしばなし** 瀬田貞二・訳、太田大八・絵／のら書店
27 **日本のむかしばなし** 瀬田貞二、瀬川康男・梶山俊夫・絵／のら書店
28 **火曜日のごちそうはヒキガエル** エリクソン、佐藤凉子・訳／評論社
29 **モグラ原っぱのなかまたち** 古田足日、田畑精一・絵／あかね書房
30 **ココロ屋** 梨屋アリエ、菅野由貴子・絵／文研出版
31 **大きい1年生と小さな2年生** 古田足日、中山正美・絵／偕成社
32 **森おばけ** 中川李枝子、山脇百合子・絵／福音館書店
33 **小さな山神スズナ姫** 富安陽子、飯野和好・絵／偕成社
34 **龍の子太郎** 松谷みよ子、田代三善・絵／講談社
35 **月をみよう** 藤井旭／あかね書房
36 **ケイゾウさんは四月がきらいです。** 市川宣子、さとうあや・絵／福音館書店
37 **ぺちゃんこスタンレー** ブラウン、さくまゆみこ・訳／あすなろ書房
38 **しゃべる詩 あそぶ詩 きこえる詩** はせみつこ・編、飯野和好・絵／冨山房
39 **手で食べる?** 森枝卓士／福音館書店
40 **先生、しゅくだいわすれました** 山本悦子、佐藤真紀子・絵／童心社
41 **エルマーのぼうけん** ガネット、わたなべしげお・訳／福音館書店
42 **いのちのあさがお** 綾野まさる、松本恭子・画／ハート出版
43 **ながいながいペンギンの話** いぬいとみこ、大友康夫・画／岩波書店

44 **北極のムーシカミーシカ**　いぬいとみこ／理論社
45 **旅のはじまり 黒ねこサンゴロウ1**　竹下文子、鈴木まもる・絵／偕成社
46 **おばけ道、ただいま工事中!?**　草野あきこ、平澤朋子・絵／岩崎書店
47 **みさき食堂へようこそ**　香坂直、北沢平祐・絵／講談社
48 **ノラネコの研究**　伊澤雅子、平出衛・絵／福音館書店
49 **クレヨン王国いちご村**　福永令三、三木由記子・絵／講談社
50 **徳川家康**　西本鶏介／ポプラ社

D

1 **ごんぎつね**　新美南吉、黒井健・絵／偕成社
2 **狂言えほん ぶす**　内田麟太郎、長谷川義史・絵／ポプラ社
3 **じごくのそうべえ**　たじまゆきひこ、桂米朝・上方落語／童心社
4 **島ひきおに**　山下明生、梶山俊夫・絵／偕成社
5 **グリム童話集(1)**　グリム、矢崎源九郎・訳／偕成社
6 **月夜のみみずく**　ヨーレン、ショーエンヘール・絵／偕成社
7 **オイノ島がきこえる**　三谷亮子／くもん出版
8 **霧のむこうのふしぎな町**　柏葉幸子／講談社
9 **野尻湖のぞう**　井尻正二／福音館書店
10 **魔法使いのチョコレート・ケーキ**　マーヒー、石井桃子・訳／福音館書店
11 **車のいろは空のいろ 白いぼうし**　あまんきみこ／ポプラ社
12 **大どろぼうホッツェンプロッツ**　プロイスラー、中村浩三・訳／偕成社
13 **宇宙人のいる教室**　さとうまきこ／金の星社
14 **たのしいムーミン一家**　ヤンソン、山室静・訳／講談社
15 **長くつ下のピッピ**　リンドグレーン、大塚勇三・訳／岩波書店
16 **世界でいちばん貧しい大統領のスピーチ**　くさばよしみ・編、中川学・絵／汐文社
17 **ルドルフとイッパイアッテナ**　斉藤洋／講談社
18 **ひとしずくの水**　ウィック、林田康一・訳／あすなろ書房
19 **セロ弾きのゴーシュ**　宮沢賢治、名倉靖博・絵／くもん出版
20 **チョコレート戦争**　大石真、北田卓史・絵／理論社
21 **先生のつうしんぼ**　宮川ひろ／偕成社
22 **百まいのドレス**　エスティス、石井桃子・訳／岩波書店
23 **8本あしのゆかいな仲間 クモ**　谷本雄治、つだかつみ・絵／くもん出版
24 **本のれきし5000年**　辻村益朗／福音館書店
25 **なん者ひなた丸ねことんの術の巻**　斉藤洋／あかね書房
26 **小さなスプーンおばさん**　プリョイセン、大塚勇三・訳／学研教育出版
27 **学校ウサギをつかまえろ**　岡田淳／偕成社
28 **いのちのおはなし**　日野原重明、村上康成・絵／講談社
29 **新ちゃんがないた!**　佐藤州男／文研出版
30 **一つの花**　今西祐行、伊勢英子・絵／ポプラ社
31 **こちらマガーク探偵団**　ヒルディック、蕗沢忠枝・訳／あかね書房
32 **絵くんとことばくん**　天野祐吉、大槻あかね・絵／福音館書店
33 **チョコレートと青い空**　堀米薫、小泉るみ子・絵／そうえん社
34 **ジャミールの新しい朝**　ハリス、加島葵・訳／くもん出版

35 **森の王国**　竹田津実／偕成社
36 **キツネのハナジロ**　那須正幹／くもん出版
37 **くまのパディントン**　ボンド、松岡享子・訳／福音館書店
38 **お星さまのレール**　小林千登勢／金の星社
39 **みらくるミルク**　中西敏夫、米本久美子・絵／福音館書店
40 **ヘレン=ケラー自伝**　今西祐行・訳／講談社
41 **それいけズッコケ三人組**　那須正幹／ポプラ社
42 **エジソン**　崎川範行／講談社
43 **ホッキョクグマ**　ラーセン、カラス、内藤靖彦・監修、訳／くもん出版
44 **富士山うたごよみ**　俵万智、U・G・サトー・絵／福音館書店
45 **ファーブルの夏ものがたり**　アンダーソン、千葉茂樹・訳／くもん出版
46 **家族になったスズメのチュン**　竹田津実／偕成社
47 **すぐそこに、カヤネズミ**　畠佐代子／くもん出版
48 **がんばれヘンリーくん**　クリアリー、松岡享子・訳／学研教育出版
49 **せいめいのれきし**　バートン、いしいももこ・訳／岩波書店
50 **ドリトル先生アフリカゆき**　ロフティング、井伏鱒二・訳／岩波書店

E

1 **注文の多い料理店**　宮沢賢治、太田大八・絵／講談社
2 **空気がなくなる日**　岩倉政治、二俣英五郎・絵／ポプラ社
3 **ヘンダワネのタネの物語**　新藤悦子、丹地陽子・絵／ポプラ社
4 **鬼が出た**　大西廣、梶山俊夫ほか・絵／福音館書店
5 **きまぐれロボット**　星新一／理論社
6 **リトルバンパイア1 リュディガーとアントン**　ボーデンブルク、川西芙沙・訳／くもん出版
7 **さよならエルマおばあさん**　大塚敦子／小学館
8 **ぼくは、いつでもぼくだった。**　いっこく堂、中村景児・絵／くもん出版
9 **マジックツリーハウス①恐竜の谷の大冒険**　オズボーン、食野雅子・訳／メディアファクトリー
10 **地球の声に耳をすませて**　大木聖子／くもん出版
11 **キャプテンはつらいぜ**　後藤竜二／講談社
12 **生物の消えた島**　田川日出夫、松岡達英・絵／福音館書店
13 **大造じいさんとガン**　椋鳩十／偕成社
14 **だれも知らない小さな国**　佐藤さとる／講談社
15 **ふしぎの国のアリス**　キャロル、芹生一・訳／偕成社
16 **シャーロットのおくりもの**　ホワイト、さくまゆみこ・訳／あすなろ書房
17 **床下の小人たち**　ノートン、林容吉・訳／岩波書店
18 **風にのってきたメアリー・ポピンズ**　トラヴァース、林容吉・訳／岩波書店
19 **ノンちゃん雲に乗る**　石井桃子／福音館書店
20 **若草物語1**　オルコット、谷口由美子・訳／講談社
21 **マヤの一生**　椋鳩十／大日本図書
22 **糸子の体重計**　いとうみく、佐藤真紀子・絵／童心社
23 **ふたりのイーダ**　松谷みよ子、司修・絵／講談社
24 **建具職人の千太郎**　岩崎京子、田代三善・絵／くもん出版
25 **少年探偵ブラウン〔1〕**　ソボル、花輪莞爾・訳／偕成社
26 **杉原千畝物語**　杉原幸子・杉原弘樹／金の星社

27 **青い目のネコと魔女をおえ**　ディヤング、黒沢浩・訳／文研出版
28 **かはたれ 散在ガ池の河童猫**　朽木祥、山内ふじ江・画／福音館書店
29 **ライオンと魔女**　ルイス、瀬田貞二・訳／岩波書店
30 **長い長いお医者さんの話**　チャペック、中野好夫・訳／岩波書店
31 **星と伝説**　野尻抱影／偕成社
32 **童話集 風と木の歌**　安房直子、司修・絵／偕成社
33 **イワンのばか**　トルストイ、金子幸彦・訳／岩波書店
34 **アルバートおじさんの時間と空間の旅**　スタナード、岡田好惠・訳／くもん出版
35 **エーミールと探偵たち**　ケストナー、池田香代子・訳／岩波書店
36 **ハイジ（2冊）**　シュピーリ、矢川澄子・訳／福音館書店
37 **トム・ソーヤーの冒険（2冊）**　トウェイン、吉田甲子太郎・訳／偕成社
38 **黒いトノサマバッタ**　矢島稔／偕成社
39 **イクバルの闘い**　ダダモ、荒瀬ゆみこ・訳／すずき出版
40 **かぎりなくやさしい花々**　星野富弘／偕成社
41 **一ふさのぶどう**　有島武郎／偕成社
42 **遠くへいく川**　加藤多一／くもん出版
43 **怪人二十面相**　江戸川乱歩／ポプラ社
44 **たのしい川べ**　グレーアム、石井桃子・訳／岩波書店
45 **コンチキ号漂流記**　ハイエルダール、神宮輝夫・訳／偕成社
46 **森は生きている**　富山和子／講談社
47 **どろぼうのどろぼん**　斉藤倫、牡丹靖佳・画／福音館書店
48 **宝島**　スティーブンソン、金原瑞人・訳／偕成社
49 **キュリー夫人**　伊東信／ポプラ社
50 **新版 ガラスのうさぎ**　高木敏子／金の星社

F

1 **シートン動物記（3冊）**　シートン、白柳美彦・訳／偕成社
2 **赤神と黒神**　まつたにみよこ、まるきいり・絵／ポプラ社
3 **ぼくのお姉さん**　丘修三／偕成社
4 **ともだちは海のにおい**　工藤直子／理論社
5 **魔女の宅急便**　角野栄子／福音館書店
6 **星の王子さま**　テグジュペリ、内藤濯・訳／岩波書店
7 **木をかこう**　ムナーリ、須賀敦子・訳／至光社
8 **マザー・テレサ かぎりない愛の奉仕**　沖守弘／くもん出版
9 **クマのプーさん**　ミルン、石井桃子・訳／岩波書店
10 **オズの魔法使い**　バウム、渡辺茂男・訳／福音館書店
11 **あしながおじさん**　ウェブスター、谷川俊太郎・訳／理論社
12 **パスワードは、ひ・み・つ new**　松原秀行／講談社
13 **ふたつの家のちえ子**　今村葦子／評論社
14 **ジャングル・ブック（2冊）**　キップリング、金原瑞人・訳／偕成社
15 **お江戸の百太郎**　那須正幹、小松良佳・絵／ポプラ社
16 **チョコレート工場の秘密**　ダール、柳瀬尚紀・訳／評論社
17 **素数ゼミの謎**　吉村仁、石森愛彦・絵／文藝春秋
18 **最後の授業**　ドーデ、南本史・訳／ポプラ社
19 **くちぶえ番長**　重松清／新潮社
20 **月のえくぼを見た男 麻田剛立**　鹿毛敏夫、関屋敏隆・画／くもん出版
21 **飛ぶ教室**　ケストナー、若松宣子・訳／偕成社
22 **こんぴら狗**　今井恭子、いぬんこ・画／くもん出版

23 二十四の瞳　壺井栄／ポプラ社
24 バッテリー　あさのあつこ／教育画劇
25 ファーブル昆虫記Ⅰ　ファーブル、奥本大三郎・訳／集英社
26 肥後の石工　今西祐行／岩波書店
27 白旗の少女　比嘉富子／講談社
28 クローディアの秘密　カニグズバーグ、松永ふみ子・訳／岩波書店
29 木を植えた男　ジオノ、寺岡襄・訳／あすなろ書房
30 ハッピーバースデー　青木和雄、加藤美紀・画／金の星社
31 大草原の小さな家　ワイルダー、こだまともこ・渡辺南都子・訳／講談社
32 精霊の守り人　上橋菜穂子、二木真希子・絵／偕成社
33 秘密の花園（2冊）　バーネット、山内玲子・訳／岩波書店
34 トムは真夜中の庭で　ピアス、高杉一郎・訳／岩波書店
35 ぽっぺん先生の日曜日　舟崎克彦／岩波書店
36 赤毛のアン　モンゴメリー、掛川恭子・訳／講談社
37 怪盗紳士ルパン　ルブラン、竹西英夫・訳／偕成社
38 次郎物語（2冊）　下村湖人／講談社
39 ギリシア神話　高津春繁・高津久美子・訳／偕成社
40 天と地を測った男 伊能忠敬　岡崎ひでたか、高田勲・画／くもん出版
41 ビルマの竪琴　竹山道雄／偕成社
42 自分の脳を自分で育てる　川島隆太／くもん出版
43 ナイチンゲール　ブラウン、茅野美ど里・訳／偕成社
44 タイムマシン　ウェルズ、金原瑞人・訳／岩波書店
45 小さな雪の町の物語　杉みき子／童心社
46 ハリー・ポッターと賢者の石　ローリング、松岡佑子・訳／静山社
47 アラビアン・ナイト　ウィギン・編、スミス・編、坂井晴彦・訳／福音館書店
48 モモ　エンデ、大島かおり・訳／岩波書店
49 ミイラになったブタ　クインラン、藤田千枝・訳／さ・え・ら書房
50 十五少年漂流記　ヴェルヌ、波多野完治・訳／新潮社

G

1 兎の眼　灰谷健次郎／角川書店
2 西の魔女が死んだ　梨木香歩／新潮社
3 竹取物語　星新一・訳、ひと和・絵／角川書店
4 にんじん　ルナール、高野優・訳／新潮社
5 コミュニケーションの日本語　森山卓郎／岩波書店
6 ユタとふしぎな仲間たち　三浦哲郎／新潮社
7 夏の庭　湯本香樹実／新潮社
8 絵のない絵本　アンデルセン、山室静・訳／童心社
9 道具にヒミツあり　小関智弘／岩波書店
10 少年H（2冊）　妹尾河童／講談社
11 クリスマス・キャロル　ディケンズ、夏目道子・訳／金の星社
12 五体不満足　乙武洋匡／講談社
13 そこに僕はいた　辻仁成／新潮社
14 少年動物誌　河合雅雄／福音館書店
15 ハックルベリー・フィンの冒険（2冊）　トウェイン、西田実・訳／岩波書店
16 ガラスの家族　パターソン、岡本浜江・訳／偕成社

17 **あのころはフリードリヒがいた**　リヒター、上田真而子・訳／岩波書店
18 **種をまく人**　フライシュマン、片岡しのぶ・訳／あすなろ書房
19 **杜子春・くもの糸**　芥川龍之介／偕成社
20 **ことばの力**　川崎洋／岩波書店
21 **坊っちゃん**　夏目漱石／偕成社
22 **銀河鉄道の夜**　宮沢賢治／角川書店
23 **のんのんばあとオレ**　水木しげる／筑摩書房
24 **アインシュタインが考えたこと**　佐藤文隆／岩波書店
25 **ちいさなちいさな王様**　ハッケ、那須田淳・木本栄・訳／講談社
26 **アンネの日記**　フランク、深町眞理子・訳／文藝春秋
27 **冒険者たち**　斎藤惇夫／岩波書店
28 **ヒルベルという子がいた**　ヘルトリング、上田真而子・訳／偕成社
29 **新釈遠野物語**　井上ひさし／新潮社
30 **しろばんば**　井上靖／新潮社
31 **君たちはどう生きるか**　吉野源三郎／ポプラ社
32 **古事記物語**　福永武彦／岩波書店
33 **くちびるに歌を**　中田永一／小学館
34 **まちがったっていいじゃないか**　森毅／筑摩書房
35 **サキ短編集**　サキ、中村能三・訳／新潮社
36 **銀の匙**　中勘助／角川書店
37 **清兵衛と瓢箪・小僧の神様**　志賀直哉／集英社
38 **路傍の石**　山本有三／新潮社
39 **はてしない物語（2冊）**　エンデ、上田真而子・佐藤真理子・訳／岩波書店
40 **クラバート（2冊）**　プロイスラー、中村浩三・訳／偕成社
41 **シェイクスピア物語**　ラム、矢川澄子・訳／岩波書店
42 **海底二万里**　ヴェルヌ、江口清・訳／集英社
43 **ふしぎなことば ことばのふしぎ**　池上嘉彦／筑摩書房
44 **シャーロック・ホームズの冒険**　ドイル、延原謙・訳／新潮社
45 **勇気ってなんだろう**　江川紹子／岩波書店
46 **詩のこころを読む**　茨木のり子／岩波書店
47 **いのちの食べかた**　森達也／角川書店
48 **「晴耕雨読」の読書法**　村田一夫／くもん出版
49 **ボクの音楽武者修行**　小澤征爾／新潮社
50 **影との戦い ゲド戦記1**　グウィン、清水真砂子・訳／岩波書店

H

1 **どくとるマンボウ航海記**　北杜夫／新潮社
2 **短歌をつくろう**　栗木京子／岩波書店
3 **風が強く吹いている**　三浦しをん／新潮社
4 **カラフル**　森絵都／文藝春秋
5 **スキップ**　北村薫／新潮社
6 **ぼくらの七日間戦争**　宗田理／角川書店
7 **二十歳の火影**　宮本輝／講談社
8 **老人と海**　ヘミングウェイ、福田恆存・訳／新潮社
9 **穴**　サッカー、幸田敦子・訳／講談社
10 **友情**　武者小路実篤／岩波書店
11 **パニック・裸の王様**　開高健／新潮社

12 **さぶ** 山本周五郎／新潮社
13 **山椒魚** 井伏鱒二／新潮社
14 **ボッコちゃん** 星新一／新潮社
15 **解剖学教室へようこそ** 養老孟司／筑摩書房
16 **ソフィーの世界（2冊）** ゴルデル、池田香代子・訳／ＮＨＫ出版
17 **心の底をのぞいたら** なだいなだ／筑摩書房
18 **さすらいのジェニー** ギャリコ、矢川澄子・訳／大和書房
19 **こころの処方箋** 河合隼雄／新潮社
20 **父の詫び状** 向田邦子／文藝春秋
21 **伊豆の踊子** 川端康成／新潮社
22 **流れる星は生きている** 藤原てい／中央公論新社
23 **走れメロス** 太宰治／角川書店
24 **竜馬がゆく（8冊）** 司馬遼太郎／文藝春秋
25 **冬の旅** 立原正秋／新潮社
26 **おとうと** 幸田文／新潮社
27 **三国志（3冊）** 羅貫中、小川環樹・武部利男・訳／岩波書店
28 **戦争童話集** 野坂昭如／中央公論新社
29 **ぼくのマンガ人生** 手塚治虫／岩波書店
30 **風立ちぬ・美しい村** 堀辰雄／岩波書店
31 **西遊記（2冊）** 呉承恩、和田武司・山谷弘之・訳／さ・え・ら書房
32 **怪談・奇談** 小泉八雲 平川祐弘・編／講談社
33 **吾輩は猫である（2冊）** 夏目漱石／講談社
34 **モルグ街の殺人・黄金虫** ポー、巽孝之・訳／新潮社
35 **夏の葬列** 山川方夫／集英社
36 **変身・断食芸人** カフカ、山下肇・山下萬里・訳／岩波書店
37 **科学の扉をノックする** 小川洋子／集英社
38 **潮騒** 三島由紀夫／新潮社
39 **荒野の呼び声** ロンドン、海保眞夫・訳／岩波書店
40 **いちご同盟** 三田誠広／集英社
41 **車輪の下** ヘッセ、高橋健二・訳／新潮社
42 **ニングル** 倉本聰／理論社
43 **O・ヘンリー傑作選Ｉ 賢者の贈りもの** ヘンリー、小川高義・訳／新潮社
44 **沈黙の春** カーソン、青樹簗一・訳／新潮社
45 **レ・ミゼラブル（4冊）** ユーゴー、豊島与志雄・訳／岩波書店
46 **チップス先生、さようなら** ヒルトン、白石朗・訳／新潮社
47 **自分の中に毒を持て** 岡本太郎／青春出版社
48 **ガリヴァ旅行記** スウィフト、中野好夫・訳／新潮社
49 **ジーキル博士とハイド氏** スティーヴンスン、海保眞夫・訳／岩波書店
50 **日本語（2冊）** 金田一春彦／岩波書店

I

1 **TN君の伝記** なだいなだ／福音館書店
2 **塩狩峠** 三浦綾子／新潮社
3 **ウォーターシップ・ダウンのウサギたち（2冊）** アダムズ、神宮輝夫・訳／評論社
4 **ソロモンの指輪** ローレンツ、日高敏隆・訳／早川書房
5 **ナイフ** 重松清／新潮社

6 **もし高校野球の女子マネージャーがドラッカーの「マネジメント」を読んだら**　岩崎夏海／ダイヤモンド社
7 **機関車先生**　伊集院静／講談社
8 **自分のなかに歴史をよむ**　阿部謹也／筑摩書房
9 **生物と無生物のあいだ**　福岡伸一／講談社
10 **遠い海から来たCOO**　景山民夫／角川書店
11 **山椒大夫・高瀬舟**　森鷗外／新潮社
12 **異邦人**　カミュ、窪田啓作・訳／新潮社
13 **阿Q正伝・狂人日記**　魯迅、竹内好・訳／岩波書店
14 **野火**　大岡昇平／新潮社
15 **ジュリアス・シーザー**　シェイクスピア、福田恆存・訳／新潮社
16 **新版 荒れ野の40年**　ヴァイツゼッカー、永井清彦・訳／岩波書店
17 **海と毒薬**　遠藤周作／新潮社
18 **小さき者へ・生れ出づる悩み**　有島武郎／新潮社
19 **人間失格**　太宰治／新潮社
20 **暗夜行路**　志賀直哉／新潮社
21 **羅生門・鼻・芋粥**　芥川龍之介／角川書店
22 **破戒**　島崎藤村／新潮社
23 **沈黙**　遠藤周作／新潮社
24 **カナダ＝エスキモー**　本多勝一／朝日新聞社
25 **ゾウの時間ネズミの時間**　本川達雄／中央公論新社
26 **平安女子の楽しい！生活**　川村裕子／岩波書店
27 **「甘え」の構造**　土居健郎／弘文堂
28 **指輪物語（10冊）**　トールキン、瀬田貞二・田中明子・訳／評論社
29 **夜間飛行**　テグジュペリ、堀口大學・訳／新潮社

30 **若きウェルテルの悩み**　ゲーテ、竹山道雄・訳／岩波書店
31 **生きることの意味**　高史明／筑摩書房
32 **嵐が丘**　ブロンテ、鴻巣友季子・訳／新潮社
33 **藤十郎の恋・恩讐の彼方に**　菊池寛／新潮社
34 **怒りの葡萄（2冊）**　スタインベック、大久保康雄・訳／新潮社
35 **黒い雨**　井伏鱒二／新潮社
36 **李陵・山月記**　中島敦／新潮社
37 **冬の鷹**　吉村昭／新潮社
38 **トオマス・マン短篇集**　マン、実吉捷郎・訳／岩波書店
39 **天平の甍**　井上靖／新潮社
40 **思考の整理学**　外山滋比古／筑摩書房
41 **こころ**　夏目漱石／新潮社
42 **古代への情熱**　シュリーマン、関楠生・訳／新潮社
43 **動物農場**　オーウェル、高畠文夫・訳／角川書店
44 **ロビンソン漂流記**　デフォー、吉田健一・訳／新潮社
45 **夜と霧 新版**　フランクル、池田香代子・訳／みすず書房
46 **科学の考え方・学び方**　池内了／岩波書店
47 **宇宙からの帰還**　立花隆／中央公論新社
48 **自分を知るための哲学入門**　竹田青嗣／筑摩書房
49 **罪と罰（2冊）**　ドストエフスキー、工藤精一郎・訳／新潮社
50 **戦争と平和（4冊）**　トルストイ、工藤精一郎・訳／新潮社

くもんのうた200えほん 曲目リスト

曲名　作詞者／作曲者

1 ぞうさん　まど・みちお／團伊玖磨
2 チューリップ　近藤宮子／井上武士
3 ぶんぶんぶん　村野四郎、渡辺茂（補詞）／ボヘミア民謡
4 はと　文部省唱歌
5 おうま　林柳波／松島つね
6 どんぐりころころ　青木存義／梁田貞
7 とんぼのめがね　額賀誠志／平井康三郎
8 おつかいありさん　関根栄一／團伊玖磨
9 だるまさん　わらべうた
10 げんこつやまのたぬきさん　わらべうた
11 おおきなたいこ　小林純一／中田喜直
12 みずあそび　東くめ／滝廉太郎
13 サッちゃん　阪田寛夫／大中恩
14 ちょうちょ　野村秋足、稲垣千穎／スペイン民謡
15 おはながわらった　保富庚午／湯山昭
16 あひるのぎょうれつ　小林純一／中田喜直
17 かえるのうた　岡本敏明／外国曲
18 かたつむり　文部省唱歌
19 シャボンだま　野口雨情／中山晋平
20 おおきなくりのきのしたで　阪田寛夫（訳詞）／外国曲
21 メリーさんのひつじ　高田三九三（訳詞）／アメリカ民謡
22 こいのぼり　近藤宮子／不詳
23 ゆうやけこやけ　中村雨紅／草川信
24 つき　文部省唱歌
25 うさぎ　文部省唱歌
26 かわいいかくれんぼ　サトウハチロー／中田喜直
27 めだかのがっこう　茶木滋／中田喜直
28 こぶたぬきつねこ　山本直純／山本直純
29 いぬのおまわりさん　佐藤義美／大中恩
30 むすんでひらいて　文部省唱歌／J・ルソー
31 とけいのうた　筒井敬介／村上太朗
32 すうじのうた　夢虹二／小谷肇
33 おすもうくまちゃん　佐藤義美／磯部俶
34 おもちゃのマーチ　海野厚／小田島樹人
35 ことりのうた　与田準一／芥川也寸志
36 きらきらぼし　武鹿悦子（訳詞）／フランス民謡
37 ゆき　文部省唱歌
38 おしょうがつ　東くめ／滝廉太郎
39 かたたたき　西條八十／中山晋平
40 てをたたきましょう　小林純一（訳詞）／チェコスロバキア民謡

41 おはなしゆびさん　香山美子／湯山昭
42 おかあさん　田中ナナ／中田喜直
43 ないしょばなし　結城よしを／山口保治
44 くつがなる　清水かつら／弘田龍太郎
45 なつのこ　野口雨情／本居長世
46 ゆうひ　葛原しげる／室崎琴月
47 たなばたさま　権藤はなよ、林柳波(補詞)／下総皖一
48 やまのおんがくか　水田詩仙(訳詞)／ドイツ民謡
49 うさぎのダンス　野口雨情／中山晋平
50 いとまきのうた　香山美子／小森昭宏
51 うみ　林柳波／井上武士
52 ゆりかごのうた　北原白秋／草川信
53 しょうじょうじのたぬきばやし　野口雨情／中山晋平
54 こぎつね　勝承夫(訳詞)／ドイツ民謡
55 あかとんぼ　三木露風／山田耕筰
56 たきび　巽聖歌／渡辺茂
57 とおりゃんせ　わらべうた
58 かごめかごめ　わらべうた
59 アイアイ　相田裕美／宇野誠一郎
60 おべんとうばこのうた　わらべうた
61 うさぎとかめ　石原和三郎／納所弁次郎
62 ももたろう　文部省唱歌

63 うらしまたろう　文部省唱歌
64 わらいかわせみにはなすなよ　サトウハチロー／中田喜直
65 やぎさんゆうびん　まど・みちお／團伊玖磨
66 もりのくまさん　馬場祥弘(訳詞)／アメリカ民謡
67 あめふりくまのこ　鶴見正夫／湯山昭
68 とんでったバナナ　片岡輝／櫻井順
69 そうだったらいいのにな　井出隆夫／福田和禾子
70 おおきなふるどけい　H・ワーク、保富庚午(訳詞)／H・ワーク
71 おもちゃのチャチャチャ　野坂昭如、吉岡治(補詞)／越部信義
72 きしゃポッポ　富原薫／草川信
73 うたのまち　勝承夫／小村三千三
74 かもめのすいへいさん　武内俊子／河村光陽
75 ドレミのうた　O・ハマースタインII、ペギー葉山(訳詞)／R・ロジャース
76 じゅうにんのインディアン　高田三九三(訳詞)／アメリカ民謡
77 しあわせならてをたたこう　木村利人／アメリカ民謡
78 ふしぎなポケット　まど・みちお／渡辺茂
79 おなかのへるうた　阪田寛夫／大中恩
80 バナナのおやこ　関和男／福田和禾子
81 おんまはみんな　中山知子(訳詞)／アメリカ民謡
82 もりのこびと　山川清、玉木登美夫／山本雅之
83 うれしいひなまつり　サトウハチロー／河村光陽

84 ぼうがいっぽん　わらべうた
85 いっぽんでもにんじん　前田利博／佐瀬寿一
86 ロンドンばし　高田三九三(訳詞)／イギリス民謡
87 まっかなあき　薩摩忠／小林秀雄
88 ピクニック　萩原英一(訳詞)／イギリス民謡
89 クラリネットをこわしちゃった　石井好子(訳詞)／フランス民謡
90 ジングルベル　音羽たかし(訳詞)・あらかはひろし(訳詞)／J・ペアポント
91 あがりめさがりめ　わらべうた
92 あたまかたひざポン　不詳／イギリス民謡
93 いっぽんばしこちょこちょ　わらべうた
94 おてらのおしょうさん　わらべうた
95 パンダうさぎコアラ　高田ひろお／乾裕樹
96 やきいもグーチーパー　阪田寛夫／山本直純
97 グーチョキパーでなにつくろう　不詳／フランス民謡
98 とんとんとんとんひげじいさん　不詳／玉山英光
99 あくしゅでこんにちは　まど・みちお／渡辺茂
100 ちいさなはたけ　不詳／不詳
101 てをつなごう　中川李枝子／諸井誠
102 おちゃらかほい　わらべうた
103 ずいずいずっころばし　わらべうた
104 あんたがたどこさ　わらべうた

105 アルプスいちまんじゃく　訳詞不詳／アメリカ民謡
106 ひらいたひらいた　わらべうた
107 あかいとりことり　北原白秋／成田為三
108 かくれんぼ　林柳波／下総皖一
109 はしるのだいすき　まど・みちお／佐藤眞
110 おにのパンツ　訳詞不詳／L・デンツァ
111 ぶらんこ　都築益世／芥川也寸志
112 どんないろがすき　坂田修／坂田修
113 アビニヨンのはしのうえで　門馬直衛(訳詞)／フランス民謡
114 おたんじょうびのうた　M・J・ヒル、P・S・ヒル、丘灯至夫(訳詞)／M・J・ヒル、P・S・ヒル
115 あかいぼうししろいぼうし　武内俊子／河村光陽
116 おばけなんてないさ　まきみのり／峯陽
117 とんとんともだち　サトウハチロー／中田喜直
118 みなみのしまのハメハメハだいおう　伊藤アキラ／森田公一
119 さんぽ　中川李枝子／久石譲
120 わらいごえっていいな　田山雅充／田山雅充
121 ピクニック・マーチ　井出隆夫／越部信義
122 たのしいね　山内佳鶴子・寺島尚彦(補詞)／寺島尚彦
123 マーチング・マーチ　阪田寛夫／服部公一
124 ぼくのミックスジュース　五味太郎／渋谷毅
125 せかいじゅうのこどもたちが　新沢としひこ／中川ひろたか

126 にじ　新沢としひこ／中川ひろたか
127 てのひらをたいように　やなせたかし／いずみたく
128 およげ！ たいやきくん　高田ひろお／佐瀬寿一
129 ABCのうた　訳詞不詳／フランス民謡
130 どこでねるの　奥田継夫／乾裕樹
131 あらどこだ　神沢利子／越部信義
132 いけのこい　文部省唱歌
133 かっこう　小林純一(訳詞)／ドイツ民謡
134 しずかなこはん　訳詞不詳／外国曲
135 やまのワルツ　香山美子／湯山昭
136 こんこんくしゃんのうた　香山美子／湯山昭
137 おさるのかごや　山上武夫／海沼実
138 ジャングルポケット　長谷川勝士／福田和禾子
139 ねこふんじゃった　丘灯至夫(訳詞)／不詳
140 くじらのとけい　関和男／渋谷毅
141 バスにのって　谷口國博／谷口國博
142 バスごっこ　香山美子／湯山昭
143 はたらくくるま　伊藤アキラ／越部信義
144 でんしゃごっこ　井上赳／信時潔
145 きしゃ　文部省唱歌／大和田愛羅
146 ちかてつ　名村宏／越部信義
147 せんろはつづくよどこまでも　佐木敏(訳詞)／アメリカ民謡

148 うちゅうせんのうた　ともろぎゆきお／峯陽
149 トマト　荘司武／大中恩
150 カレーライスのうた　ともろぎゆきお／峯陽
151 きのこ　まど・みちお／くらかけ昭二
152 くいしんぼおばけ　村田さち子／福田和禾子
153 ドロップスのうた　まど・みちお／大中恩
154 アイスクリームのうた　佐藤義美／服部公一
155 あさいちばんはやいのは　阪田寛夫／越部信義
156 はやおきどけい　富原薫／河村光陽
157 ゆうがたのおかあさん　サトウハチロー／中田喜直
158 おふろのうた　秋元康／市川都
159 おふろジャブジャブ　さとう・よしみ／服部公一
160 たろうさんのあかちゃん　訳詞不詳／アメリカ民謡
161 にんげんっていいな　山口あかり／小林亜星
162 はるよこい　相馬御風／弘田龍太郎
163 どこかではるが　百田宗治／草川信
164 うぐいす　林柳波／井上武士
165 さくらさくら　日本古謡
166 はるがきた　髙野辰之／岡野貞一
167 はるのおがわ　髙野辰之／岡野貞一
168 おもいでのアルバム　増子とし／本多鉄麿
169 いちねんせいになったら　まど・みちお／山本直純

170 **ちゃつみ** 文部省唱歌
171 **せいくらべ** 海野厚／中山晋平
172 **あめふり** 北原白秋／中山晋平
173 **ほたるこい** わらべうた
174 **キャンプだほい** マイク真木／マイク真木
175 **はなび** 井上赳／下総皖一
176 **むしのこえ** 文部省唱歌
177 **もみじ** 髙野辰之／岡野貞一
178 **まつぼっくり** 広田孝夫／小林つや江
179 **ちいさいあきみつけた** サトウハチロー／中田喜直
180 **あわてんぼうのサンタクロース** 吉岡治／小林亜星
181 **あかはなのトナカイ** J・マークス、新田宣夫(訳詞)／J・マークス
182 **きよしこのよる** J・モール、由木康(訳詞)／F・グルーバー
183 **たこのうた** 文部省唱歌
184 **きたかぜこぞうのかんたろう** 井出隆夫／福田和禾子
185 **スキー** 時雨音羽／平井康三郎
186 **まめまき** 日本教育音楽協会／日本教育音楽協会
187 **こもりうた** 日本古謡
188 **いちばんぼしみつけた** 文部省唱歌／信時潔
189 **まちぼうけ** 北原白秋／山田耕筰
190 **あかいくつ** 野口雨情／本居長世
191 **ふじのやま** 巌谷小波／文部省唱歌

192 **つきのさばく** 加藤まさを／佐々木すぐる
193 **おぼろづきよ** 髙野辰之／岡野貞一
194 **ふるさと** 髙野辰之／岡野貞一
195 **みかんのはなさくおか** 加藤省吾／海沼実
196 **あのまちこのまち** 野口雨情／中山晋平
197 **きんたろう** 石原和三郎／田村虎蔵
198 **いっすんぼうし** 巌谷小波／田村虎蔵
199 **むらまつり** 文部省唱歌
200 **このみち** 北原白秋／山田耕筰

●本書では、曲名表記を『くもんのうた200えほん』と同じにしています。

オススメくもんの教具

カード

定価：本体各900円〜1,800円＋税

▲ ひらがなことばカード2集より

▲ CD付き童謡カード1集より

もじ・ことば

- いないいないばあカード
- だれかな?カード
- CD付き童謡カード
- 漢字カード
- ひらがなことばカード
- ひらがなカード
- カタカナカード
- ぶんカード
- 早口ことばカード
- 慣用句カード
- ことわざカード
- 四字熟語カード
- 反対ことばカード
- 俳句カード
- 短歌カード
- 百人一首カード
- 詩のカード

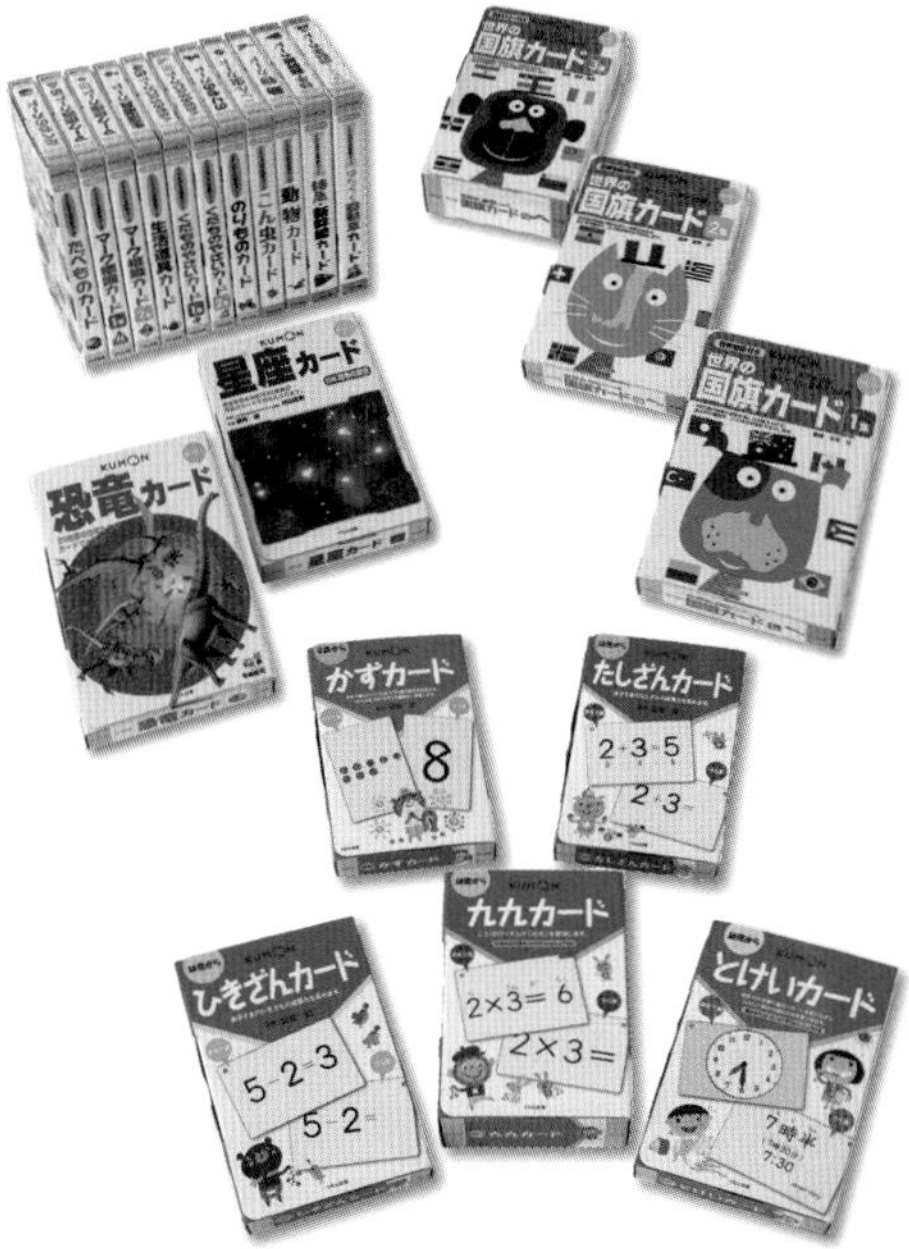

生活知識

- 生活図鑑カード
- 自然図鑑カード
- 写真図鑑カード
- CD付き楽器カード
- 世界の国旗カード
- 日本地図カード
- 恐竜カード
- 星座カード

かず・けいさん

- かずカード
- たしざんカード
- ひきざんカード
- 九九カード
- とけいカード

ことばの豊かな子をそだてる

くもんのうた200えほん

定価：絵本本体2,800円＋税 CD本体各2,500円＋税

手遊びうたから人気の童謡まで美しい絵とともに200曲が収録されています。3枚組のCD（2種）別売り。

オススメくもんの教具

ジグソーパズル

希望小売価格：本体各2,300円＋税

◀ STEP5
集合！ 働く車
140ピースより

はめ絵パズルのSTEP0から、234ピースのSTEP7までの8ステップ、22段階のジグソーパズル。遊びながら集中力と作業力を伸ばしました。

NEWスタディ将棋

希望小売価格：本体3,800円＋税

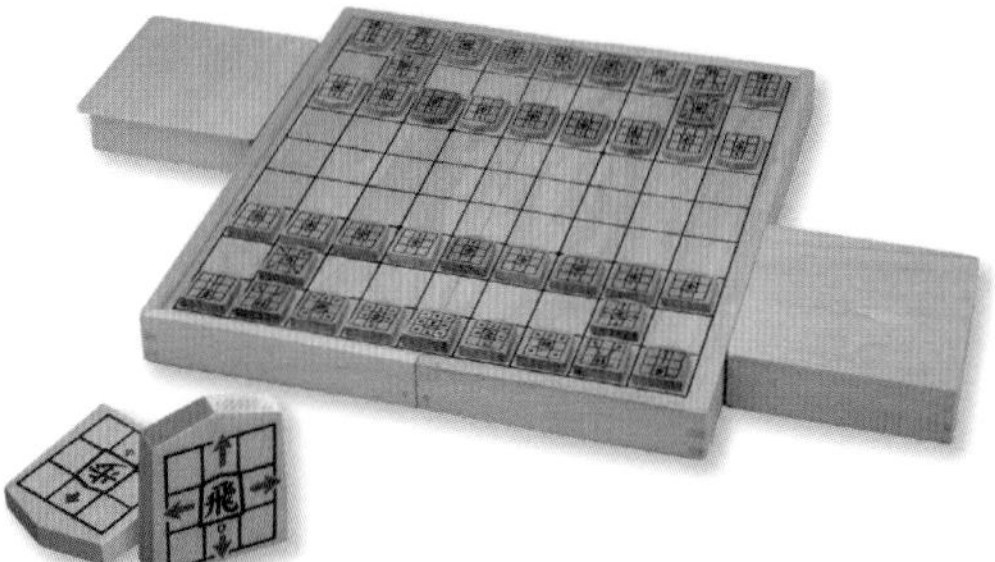

駒が進む場所が書き込んであるオリジナルデザインの駒の将棋。将棋の第一歩を誰でも踏み出せます。

磁石すうじ盤

希望小売価格：本体各4,200円＋税

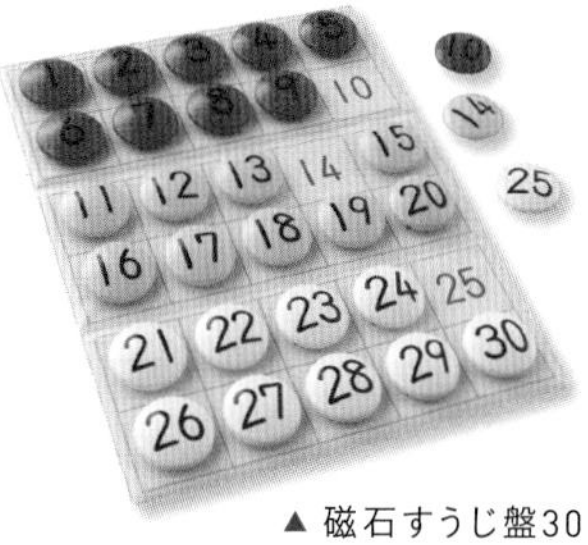

▲ 磁石すうじ盤30

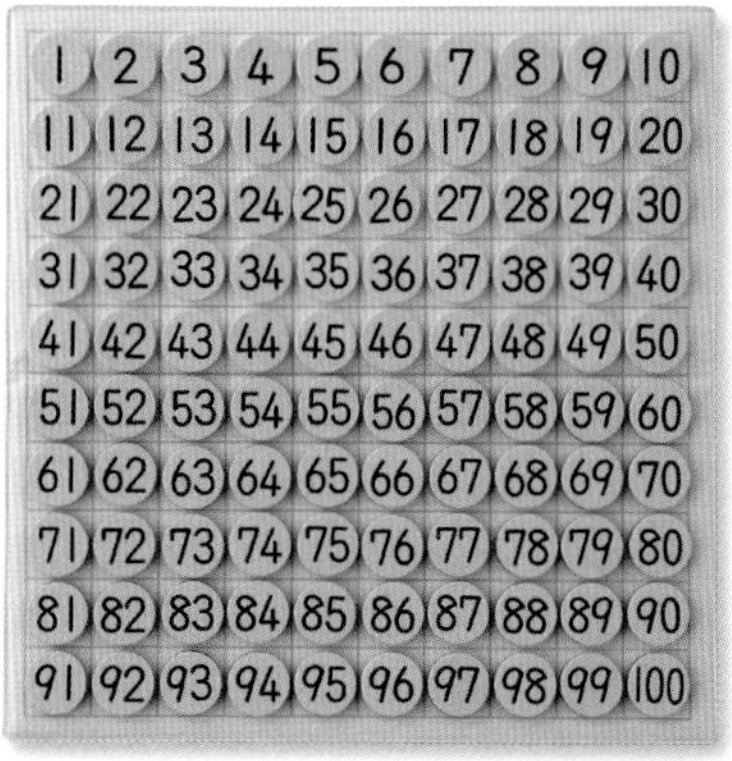

▲ 磁石すうじ盤100

数字が書かれた磁石のコマを、数字が書かれている盤に並べていく教具。時間を計って競争して、きょうだいで、繰り返し遊びました。

おふろでレッスン

希望小売価格：本体各980円＋税

▲ にほんちず

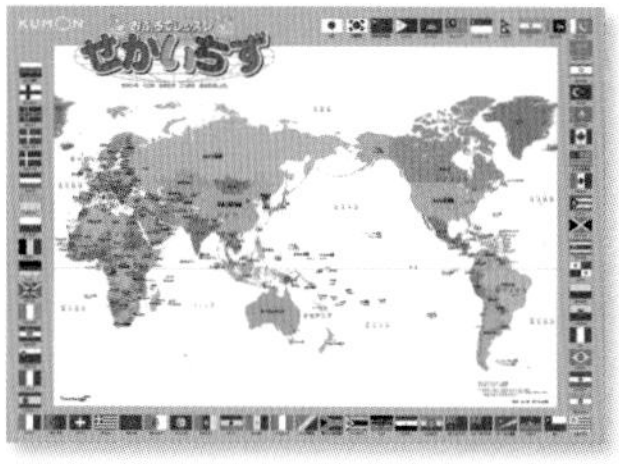

▲ せかいちず

水でぬらすだけで、簡単にお風呂の壁に貼ることができるポスター。我が家は、にほんちずを利用。サイズは縦50㎝×横71㎝。

- ひらがな
- カタカナ
- 一年生 かんじ
- 二年生 かん字
- すうじ
- たしざん
- 九九
- ABC
- にほんちず
- せかいちず

佐藤亮子（さとうりょうこ）

大分県出身。津田塾大学卒業。大分県内の私立高校で英語教師として勤務し、結婚後、夫の勤務先の奈良県に住み専業主婦に。長男、次男、三男、長女の4人の子どもを育てる。幼児、小学校低学年期を中心に公文式教室に通う。長男、次男、三男は灘中学・高等学校を経て、東京大学理科三類に進学し医師として活躍中。長女は洛南中学・高等学校を経て東京大学理科三類に進学。その子育てが注目を集め、現在、中学受験塾の浜学園のアドバイザーをつとめながら、子育てや勉強、受験をテーマに全国で講演を行う。

我が家はこうして 読解力をつけました

2021年3月22日 初版第1刷発行

著　者　佐藤亮子

日本音楽著作権協会（出）許諾第2010988－001号

編集協力　庄村敦子
ブックデザイン　小口翔平＋須貝美咲（tobufune）
イラスト　Yuzuko
写真　直江泰治
校正・校閲　株式会社鷗来堂

発行者　志村直人
発行所　くもん出版
〒108-8617　東京都港区高輪4-10-18　京急第1ビル13F
TEL　03-6836-0301（代表）　03-6836-0305（営業）
03-6836-0317（編集）
https://www.kumonshuppan.com/
印刷所　三美印刷

NDC370・くもん出版・272P・188mm・2021年
 ISBN978-4-7743-3160-7

CD 34227